Vera Smirnova

In Russian?
With Pleasure!

Textbook 3

Communicating in Russian for beginners
(60-70 hours)

Level B1

Textbook, grammar workbook & exercises, CD

2018

© 2018 Vera Smirnova
© 2018 Vera Smirnova & Co – EWIS

No part of this publication may be reproduced by any means without the permission of Vera Smirnova and copyright holders.

Editor: A.Efendieva
Design: Adem
Pictures: Vera Smirnova & Co – EWIS
Illustrations: A. Polechonska

The textbook «In Russian? With pleasure!» is intended for adults beginning to study Russian, as a foreign language. It can be used both in the conditions of a multilingual environment and in a Russian-speaking environment. Book 3 - the third part of three - is designed for 60-70 hours of lessons with a teacher in groups of multilingual students or for self- study with a view to reviewing.
The structure and the submission of material correspond to level B1 in the European system of references CECRL. The present textbook has been checked in the multilingual environment of Brussels. It has been used for a few years in the Russian language courses in Brussels at the school "Vera Smirnova & Co - East-West Information Services", in the evening courses in Institut Libre Marie Haps, as well as in various companies and organizations.

I would like to express my sincere gratitude to Adela Efendieva, Emmanuel Forest, Alexandre Smirnov and my students for their help with the creation of this book.

Vera Smirnova

ISBN 978-2-930549-15-6
Vera Smirnova & Co-EWIS
200 Avenue de la Chasse
1040 Bruxelles
Belgique
Dépôt légal: D/2018/11.749/1

Русский язык
Уровень B1 – средний
60 – 70 часов
Коммуникативные и грамматические цели

Коммуникативные задачи и лексика	Грамматические задачи
Задачи: расширить знания об истории, культуре и традициях России на основе некоторых примеров. Развить речевые навыки на базе составления презентаций, обсуждений и высказывания своего мнения. Изучив данную методику, ученик сможет: • Составить подробный план путешествия или посещения города и рассказать о своем путешествии/ посещении города • Узнает о главных музеях Москвы и Петербурга и сможет рассказать об истории и достопримечательностях города/музея • Узнает о некоторых российских традициях и сможет рассказать о традициях в своей стране • Узнает о некоторых исторических и праздничных датах России и сможет рассказать о своей стране. • Сможет подробно рассказать о себе и написать биографию. • Глядя на план города, сможет сказать, что где находится и как пройти к определенному объекту. • Узнает о человеческом теле и сможет рассуждать о здоровом образе жизни • Сможет поразмышлять и высказать своё мнение о том, каким будет человек в будущем	• Употребление глаголов движения без приставок и с приставками – по/при/у во всех временах. • Падежи существительных, прилагательных, личных местоимений: дательный, родительный, творительный. Функции этих падежей. • Употребление предлогов с разными падежами : в/на/о/для/у/от/из/с/к • Употребление наречий места • Употребление некоторых временных конструкций: неделя, число, месяц, год • Сравнительная степень прилагательных и качественных наречий NB: Аспекты грамматики изучаются в соответствии с коммуникативными задачами

СОДЕРЖАНИЕ

Стр.

Урок № 1 6
Тема: Мои друзья.
Лексика: глаголы движения с приставками по/при/у.
Грамматика: употребление глаголов движения с приставками: по/при/у.
Предлоги из/с с родительным падежом.

Урок № 2 13
Тема: В гости к друзьям!
Лексика: возраст, юбилей, нравиться/понравиться.
Грамматика: дательный падеж существительных и личных местоимений без предлогов и с предлогом «к».

Урок № 3 20
Тема: Как проехать? Как пройти?
Лексика: наречия места, указание направлений
Грамматика: родительный падеж прилагательных.

Урок № 4 27
Тема: Времена года. Куда вы любите ездить отдыхать?
Лексика: погода, месяцы, глаголы движения
Грамматика: глаголы однонаправленного и разнонаправленного движения без приставок и с приставками при/у во всех временах

Урок № 5 34
Тема: Повторение

Урок № 6 36
Тема: Из истории России
Лексика: некоторые исторические даты, факты, праздники России. Музеи Москвы и Петербурга.
Грамматика: цифры, число, месяц, год, век

Урок № 7 43
Тема: Биография
Лексика: биографические данные. «Благодаря», «Несмотря на...»
Грамматика: творительный падеж существительных, прилагательных, личных местоимений. «Для» и «Чтобы»

Урок № 8 50
Тема: Что нужно делать, чтобы лучше жить?
Лексика: тело человека
Грамматика: Сравнительная степень прилагательных/наречий. Дательные падеж прилагательных.

Урок № 9 57
Тема: Повторение

Приложение к уроку 7 60

Тексты для прослушивания 63

Грамматические таблицы 67

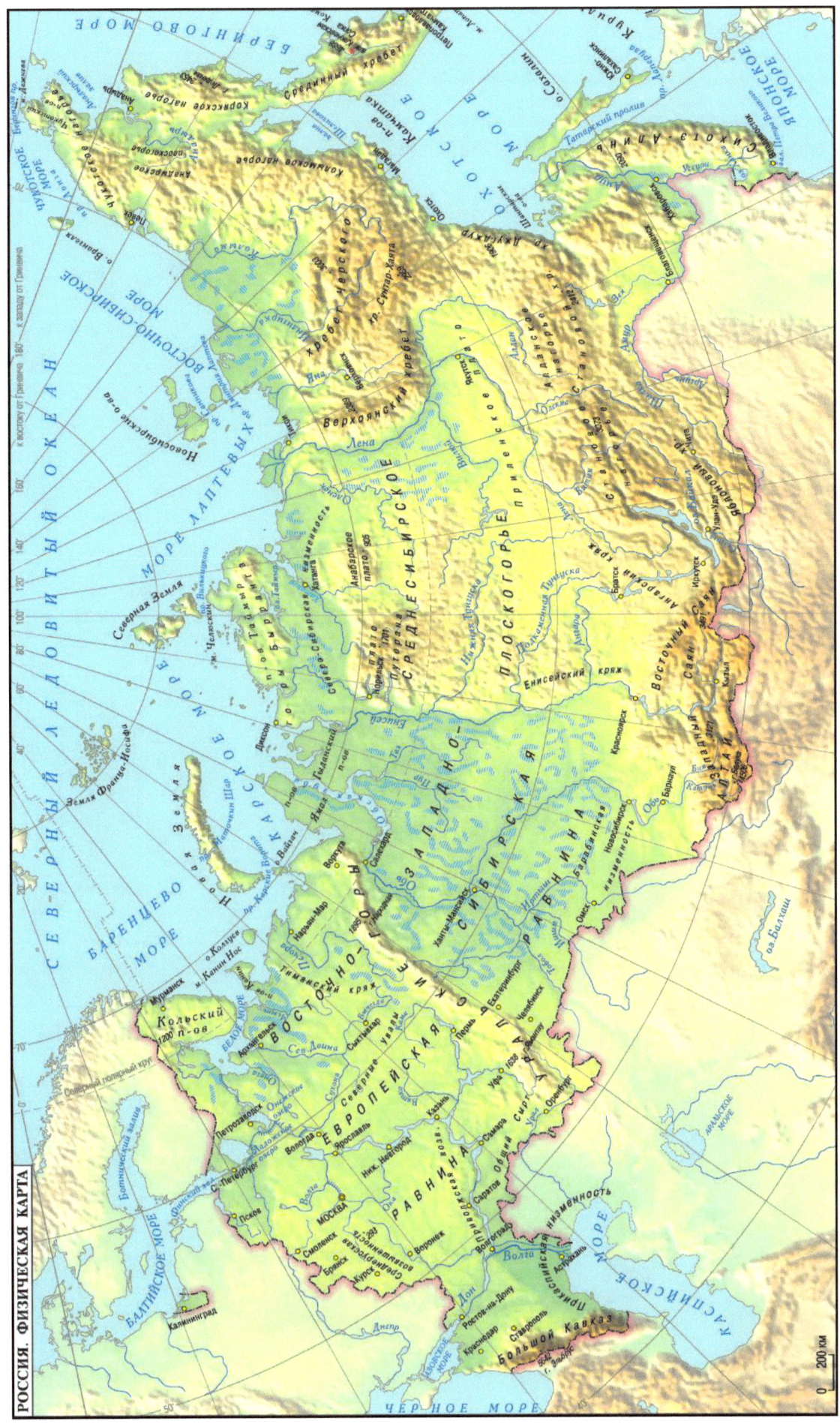

УРОК № 1 — ПЕРВЫЙ УРОК

МОИ ДРУЗЬЯ

Сегодня приедет моя подруга из Владивостока. Она будет жить у меня одну неделю. На следующей неделе она уедет домой во Владивосток.

пойти	идти	прийти	уйти
поехать	ехать	приехать	уехать
полететь	лететь	прилететь	улететь

Задание 1. Слушайте и читайте диалоги:

Р1.
- Иван дома?
- Нет, он ушёл.
- Куда он пошёл?
- Кажется, в кино.

Р2.
- Где Марина?
- Она ушла.
- Не знаешь, куда?
- Думаю, в аптеку.

Р3.
- Когда она ушла?
- В пять часов.
- А когда придёт?
- Думаю, через час.

Р4.
- Когда ты пришёл?
- Час назад.
- А когда опять уйдёшь?
- Вечером.

Настоящее время	Будущее время	Прошедшее время	Императив
Идти Я иду Ты идёшь Они идут		Шёл / шла / шло / шли	Иди / идите!
	Я пойду Я приду Я уйду	Пошёл / пошла / пошли Пришёл / пришла / пришли Ушёл / ушла / ушли	Пойди / пойдите! Приди / придите! Уйди / уйдите!
Ехать Я еду Ты едешь Они едут		Ехал / ехала / ехали	Езжай / езжайте!
	Я поеду Я приеду Я уеду	Поехал / поехала / поехали Приехал / приехала / приехали Уехал / уехала / уехали	Поезжай / поезжайте! Приезжай / приезжайте! Уезжай / уезжайте
Лететь Я лечу Ты летишь Они летят		Летел / летела / летели	Лети / летите!
	Я полечу Я прилечу Я улечу	Полетел / полетела / полетели Прилетел / прилетела / прилетели Улетел / улетела / улетели	Полети / полетите! Прилети / прилетите! Улети / улетите!

Задание 2. Читайте примеры:

В 10 часов Ирина пошла в магазин. Она шла 5 минут. Через 5 минут она пришла в магазин. Она была в магазине полтора часа. Потом она пошла в библиотеку.

В 8 часов Дима поехал на работу. Он ехал на метро 20 минут и потом шёл пешком 10 минут. В 8 часов 30 минут он пришёл на работу. Он работал весь день. В 18 часов он ушёл домой.

Во вторник в Москву приедет английская делегация. Она будет у нас 2 дня, потом она поедет в Петербург. В Петербурге она будет 3 дня. Потом она уедет в Англию.

Задание 3. Прочитайте пример и скажите, когда Вы пошли/поехали на работу, сколько времени Вы шли/ехали?

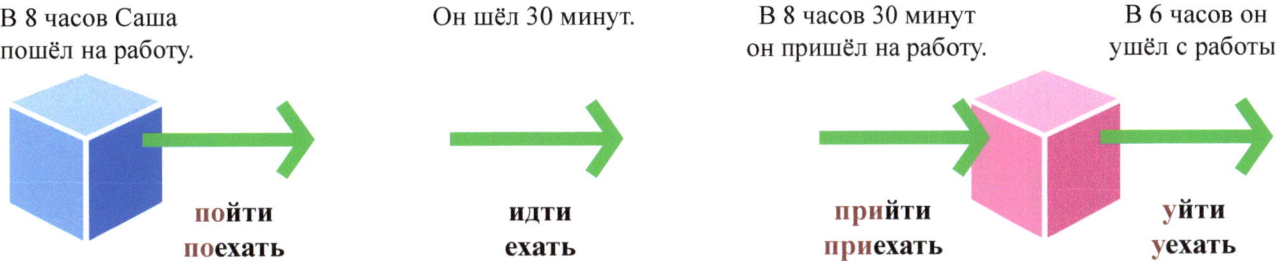

Задание 4. Поставьте нужный глагол с предлогом «у-» или «по-»:

- Володя дома?
- Нет, он ……………..
- Он давно ……………?
- Да, он …………… час назад.

- Где Борис?
- Он ……………...…
- А куда он …………?
- Не знаю.

- Анна дома?
- Нет, она …………… полчаса назад.

- Ваш брат в Лондоне?
- Нет, он …………… в Москву.
- Он давно ……………?
- Он …………… месяц назад.

- Где твоя сестра?
- Она …………… .
- А ты не знаешь, куда она …………?
- Знаю, она ……………… в кино.

Задание 5. Объясните разницу в смысле фраз:

1. Я ходила в магазин. Я пошла в магазин.
2. Мы ездили на дачу. Мы поехали на дачу.
3. Антон летал во Владивосток. Антон полетел во Владивосток.
4. Виктор ходил в кино. Виктор пошёл в кино.

Задание 6. Что Антон делал сегодня:

Сегодня понедельник. Надо идти на работу. Антон не любит вставать рано утром, но сегодня много работы, поэтому надо быть на работе рано.
Антон встал в 7 часов, позавтракал и в 8 часов поехал на работу. Сначала он шёл пешком 5 минут на остановку автобуса. Потом он ехал на автобусе 10 минут и потом 20 минут на метро. Он приехал на работу в 8:45. Утром он много работал. В 10:00 он пошёл в буфет пить кофе. Потом он пошёл на собрание. В 14 часов он пошёл обедать в ресторан. После обеда он пошёл в газетный киоск и купил газеты. Потом он опять много работал. В 18 часов он поехал в кафе встречаться с друзьями. В полночь он вернулся домой.

Задание 7. Скажите, что вы делали сегодня/вчера:

....
....
....
....

Задание 8. Ответьте на вопросы. Выберите ответы в правой колонке:

- Вы не знаете, куда пошёл Виктор?
- Вы не знаете, когда придёт Антон?
- Когда ты поедешь в Москву?
- Когда Марина уехала в Англию?
- Когда придут наши гости?
- Когда ты придёшь на работу?

- суббота
- 10:00
- прошлый месяц
- библиотека
- через, 2, час
- 19:00

Куда? ⇨ В / На + Винительный падеж
Откуда? ⇨ Из / С + Родительный падеж

В – из
На – с

Куда едет Николай? - **В** Германию.
Откуда приехал Ганс? - Он приехал **из** Германии.
Куда едет Виктор? - **На** Кипр.
Откуда приехала Татьяна? - **С** Кипра.
Виктор был **на** работе. Он пришёл домой **с** работы.

Задание 9. Скажите откуда они пришли/приехали. Работайте в парах:
Модель: Том был в Италии. – Откуда он приехал? – Из Италии.

	Вопрос: Откуда?	Ответ
1. Антон ездил во Францию	....	....
2. Татьяна была в институте	....	....
3. Бабушка ходила в магазин.	....	....
4. Мы ходили в театр.	....	....
5. Виктор был на стадионе.	....	....
6. Студенты были на лекции.	....	....
7. Павел был на работе.	....	....
8. Мы ездили отдыхать на море.	....	....

Задание 10. Работайте по картинкам. **Модель: В 8 часов Иван пошёл в театральный киоск. Он ушёл из киоска в 8:15 и пошёл на конференцию.**

В 8 часов Иван пошёл в театральный киоск. Он ушёл из киоска в 8:15 и пошёл на конференцию.

Она замужем   Он женат   Они женаты

🔴 **Р5. Задание 11. Слушайте и читайте текст:**

Это мои друзья. Мы познакомились в Москве, когда изучали русский язык. Мы были в одной группе. Это было уже давно – 10 лет назад. Мы живём в разных странах, но до сих пор дружим и разговариваем по Скайпу. Вы знаете эту программу в интернете? Это очень удобно. Говорите как по телефону, но бесплатно!

🔴 **Р6.**

Это Джейн

Привет! Меня зовут Джейн. Моя фамилия Беннетон. Я приехала из Англии, из Кэмбриджа. Я по профессии археолог. Я должна много ездить в разные страны, поэтому я знаю несколько иностранных языков: испанский, итальянский, французский и даже немного китайский. Я приехала в Москву изучать русский язык, потому что я хочу работать в Сибири. Я замужем. Но детей у меня ещё нет. Мой муж тоже археолог. Но он совсем не хочет ехать в Сибирь. Он итальянец. Он любит жить и работать в тёплых странах. Когда у нас отпуск, мы любим отдыхать вместе на море в Италии.

Задание 12. Делайте интервью:

1. Как ……… зовут?
2. …….. ……… фамилия?
3. ……… ……… по профессии?
4. ……… ……. по национальности?
5. ………… …… приехала?
6. ………..языки ты знаешь?
7. Ты …………. ?
8. ………… по профессии твой муж?
9. ……… он по национальности?
10. ………………….. дети?
11. ……….. вы любите ездить отдыхать?

Пишите ответы: Вы – Джейн

1. ....
2. ....
3. ....
4. ....
5. ....
6. ....
7. ....
8. ....
9. ....
10. ....
11. ....

Р7. Задание 13. Слушайте текст. Сделайте интервью:

> Это Рауль Торредо. Он тоже учился на курсах русского языка в Москве.

А. Журналист. Пишите вопросы

1. ....
2. ....
3. ....
4. ....
5. ....
6. ....
7. ....
8. ....
9. ....
10. ....
11. ....

Б. Ответы Рауля:

1. ....
2. ....
3. ....
4. ....
5. ....
6. ....
7. ....
8. ....
9. ....
10. ....
11. ....

Задание 14. Расскажите о вашем друге/ вашей подруге. (По типу текстов из задания 11 и 13.)

Задание 15. Читайте текст.

В пятницу приедет в Москву наш друг из Франции Поль. Он будет в Москве одну неделю. Какую программу мы можем приготовить?

Настя: - Он уже был в Москве один раз, но практически ничего не видел. Он прилетит утром в 11 часов. Из аэропорта мы поедем в гостиницу «Метрополь». Это в центре.

Николай: - Мы можем пообедать в ресторане на улице Тверская. Потом мы пойдём гулять на Красную площадь и в музеи Кремля.

Настя: - В 17 часов мы вернёмся в гостиницу. Потом из гостиницы пойдём в Большой театр на оперу «Евгений Онегин». Ты заказал билеты?

Николай: - Да, я заказал 3 билета. В субботу поедем на дачу. Я очень хочу показать Полю нашу дачу. Мы уедем с дачи в воскресенье вечером.

Настя: - Поль очень любит искусство. В понедельник мы пойдём в музей Пушкина и в Третьяковскую галерею.

Николай: - Во вторник поедем в Суздаль. Он должен посмотреть типичные русские города.

Настя: - Во вторник ночью поедем на поезде в Петербург. Мы приедем туда в среду утром. Посетим Эрмитаж и погуляем по городу. Мы вернёмся из Петербурга в четверг утром.

Николай: - В четверг пойдём гулять по Москве, будем покупать подарки и сувениры. В пятницу Поль уедет в Париж.

Задание 16. Вы живёте в Брюсселе, в Париже, в Лондоне, в Мадриде …
В субботу приедет ваш друг/подруга и будет у вас одну неделю.
Напишите план, что Вы хотите показать и куда пойти и поехать.

УПРАЖНЕНИЯ:

А. Пишите фразы.

Модель: Максим пришёл домой в 5 часов. Максим ушёл из дома в 5 часов.
1. Антон пришёл в библиотеку в 5 часов. ....
2. Джон приехал в Петербург в пятницу. ....
3. Делегация прилетела в аэропорт «Домодедово». ....
4. Директор пришёл на работу в 8 часов. ....
5. Студенты пришли на лекцию. ....
6. Я приехала в Москву в прошлом году. ....
7. Виктор пришёл на стадион в 4 часа. ....

Б. Пишите вопросы и отвечайте. Работайте в парах:

Модель: Герда живёт в Германии. - Откуда она приехала? – Из Германии.
1. Поль был в Бельгии. ....?
2. Анна была в библиотеке. ....?
3. Виктор ходил на стадион. ....?
4. Они ездили в Италию. ....?
5. Иван ходил в поликлинику. ....?
6. Бабушка была в аптеке. ....?
7. Студенты ходили на лекцию. ....?
8. Летом мы летали на юг на море. ....?

В. Отвечайте на вопросы. Работайте в парах:

Сибирь
1. Где ты была? ....
2. Куда ты ездила? ....
3. Откуда ты приехала? ....

Россия
1. Где был Мишель? ....
2. Куда ездил Мишель? ....
3. Откуда приехал Мишель? ....

Камчатка
1. Где была Татьяна? ....
2. Куда ездила Татьяна? ....
3. Откуда приехала Татьяна? ....

Владивосток
1. Где была делегация? ....
2. Куда летала делегация? ....
3. Откуда прилетела делегация? ....

Г. Пишите фразы.

Модель: Виктор был в библиотеке. Сейчас он дома. Он пришёл домой из библиотеки.

1. Татьяна была на работе. Сейчас она дома. ....
2. Антон ходил в банк. Сейчас он на работе. ....
3. Туристы были на Красной площади. Сейчас они в театре. ....
4. Делегация была в гостинице. Сейчас она в аэропорту. ....
5. Мы были во Владимире. Сейчас мы в Костроме. ....
6. Дедушка ходил в поликлинику. Сейчас он в аптеке. ....

Д. Исправьте грамматические ошибки:

Привет! Я зовут Джейн. Моя фамилия Беннетон. Я приехала из Англия, из Кэмбридж. Я по профессии археолог. Я должна много ездить в разных стран, поэтому я знаю несколько иностранные языки: испанский, итальянский, французский и даже немного китайский. Я приехала в Москве изучать русский язык, потому что я хочу работать в Сибире. Я жената. Но дети у меня ещё нет. Мой муж тоже археолог. Но он совсем не хочет ехать в Сибирю. Он итальянец. Он любит жить и работать в тёплые страны. Когда у нас отпуск, мы любим отдыхать вместе на море в Италию.

УРОК № 2 — ВТОРОЙ УРОК

В ГОСТИ К ДРУЗЬЯМ

Сегодня мы идём в гости к Ивану Ивановичу. У него сегодня юбилей. Ему будет 60 лет. К нему сегодня придут друзья и ему подарят много подарков и цветов. Мы тоже купили ему хороший подарок – красивые часы. Иван Иванович очень активный человек. Он ещё много работает и живёт, как говорят, «по часам».

		Дательный падеж существительных	
		Единственное число	
	Именительный падеж	Дательный падеж	
	Кто? Что?	Кому? К кому? Чему? К чему?	
	Друг	Я звоню другу	
	Антон	Я помогаю Антону	-у
М.р.	Преподаватель	Я иду к преподавателю	
	Николай	Я пишу письмо Николаю	-ю
	Музей	Я иду к музею	
Ср.р.	Здание	к зданию	
	Окно	к окну	
	Кто? Что?	Кому? К кому? Чему? К чему?	
	Сестра	Я звоню сестре	
	Татьяна	Татьяне	
Ж.р.	Семья	семье	-е
	Площадь	Я иду к площади	
	Мать/дочь	К матери/дочери	
	Аудитория	к аудитории	-и
		Множественное число	
	Кто? Что?	Кому? К кому? Чему? К чему?	
М.р.	Студент	Я помогаю студентам	
	Музей	музеям	-ам
Ср.р.	Здание	Зданиям	
Ж.р.	Актриса	Я звоню актрисам	-ям
	Площадь	Площадям	

	Именительный падеж	Дательный падеж Множественное число
	Брат/братья	братьям
Мужской род	Друг/друзья	друзьям
	Сын/сыновья	сыновьям
	Сестра/ сёстры	сёстрам
Женский род	Мать/ матери	матерям
	Дочь/дочери	дочерям
	Семья/семьи	семьям
	Люди	людям
	Дети	детям
	Родители	родителям
	Соседи	соседям

Звонить/позвонить		Кому?
Давать/дать	Что?	Кому?
Передавать/передать	Что?	Кому?
Дарить/подарить	Что?	Кому?
Посылать/послать	Что?	Кому?
Покупать/купить	Что?	Кому?
Показывать/показать	Что?	Кому?
Писать/написать	Что?	Кому?

Говорить/сказать	Что?	О чём?	Кому?
Рассказывать/рассказать	Что?	О чём?	Кому?

Помогать/помочь — Кому? + инфинитиф
Советовать/посоветовать — Кому? + инфинитиф
Предлагать/предложить — Кому? + инфинитиф

Идти/пойти/уйти/прийти
Ехать/поехать/уехать/приехать — К кому?
Лететь/полететь/улететь/прилететь

Я	мне	Ко мне
Ты	тебе	К тебе
Он	ему	К нему
Она	ей	К ней
Мы	нам	К нам
Вы	вам	К вам
Они	им	К ним

Задание 1. Слушайте и повторяйте:

P8.
- Кому ты звонишь?
- Ивану.
- Передай ему большой привет.

P9.
- Что мы подарим Ирине?
- Я думаю, что ей можно подарить красивую вазу.

P10.
- Ты уже говорил об экзамене Петру?
- Ещё нет. Я скажу ему завтра.

P11.
- Миша, пойдём в кино!
- Не могу, я должен помочь брату сделать упражнения.

P12.
- К кому вы идёте сегодня в гости?
- Мы идём к Ивану Ивановичу. У него сегодня юбилей.

Задание 2. Составьте диалоги:

- Кому ты звонишь?
- **Марии.**
- Передай **ей**, что я **приду** завтра.
- Хорошо, передам.

Антон, Сергей Петрович, Анна Ивановна, брат, сестра, родители, соседи.

Прийти, приехать, позвонить.

- Кому ты пишешь письмо?
- **Николаю Ивановичу.**
- Передай **ему** привет от меня.
- Хорошо, передам.

- К кому ты идёшь сегодня вечером?
- Я иду к **сестре**.

Дмитрий Николаевич, Татьяна Александровна, преподаватель, сестра, друг, подруга, мама, папа, дедушка, бабушка.

Задание 3. Поставьте вопросы к выделенным словам:

Сегодня мы идём в гости **к Ивану Ивановичу**. У него сегодня юбилей. **Ему** будет 60 лет. **К нему** сегодня придут друзья и **ему** подарят много подарков и цветов. Мы тоже купили **ему** хороший подарок – красивые часы.
Иван Иванович очень активный человек. Он ещё много работает и живёт, как говорят, «по часам».

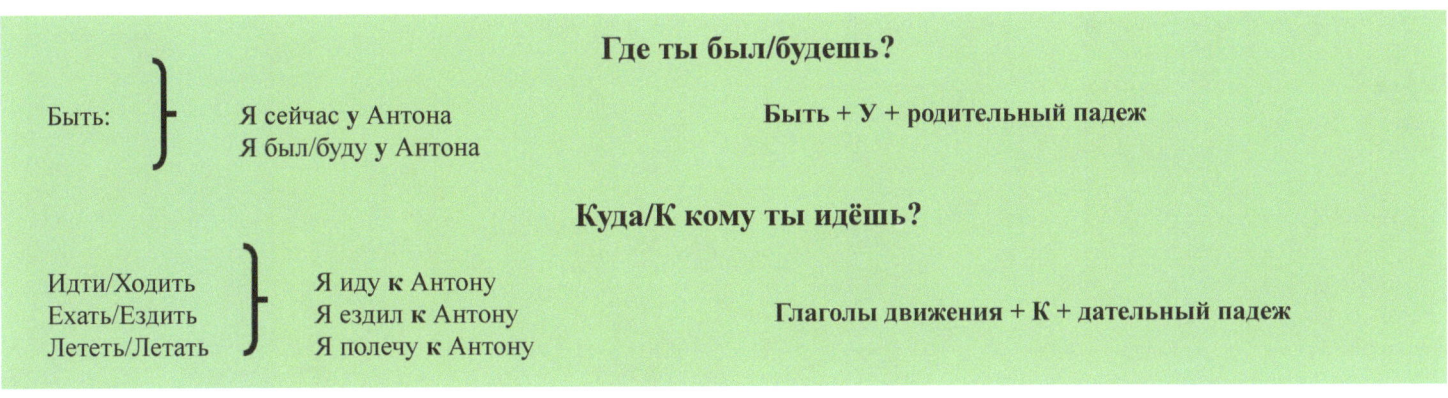

Задание 4. Составьте диалоги:

- Где ты будешь в воскресенье? **У Антона**?
- Да, я пойду **к Антону**.

Слова: родители, Иван Иванович и Анна Петровна, соседи, друзья, брат, сестра, подруга, друг, Мария, дедушка, бабушка, отец, мать, Игорь.

- Сколько **Вам** лет? – **Мне** 45 лет.

Задание 5. Сколько им лет?

Это Татьяна.
....

Это Сергей.
....

Это Ирина и Павел.
....
....

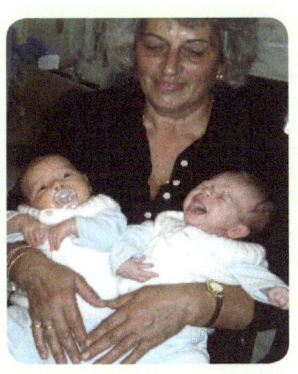

Это Петя,
Витя и их бабушка.
....
....

Это Пётр Николаевич
и Нина Викторовна.
....

Это Настя.
....

Это Мурка.
....

Сколько
Вам лет?

Задание 6. Вас приглашают в гости. Слушайте, повторяйте и читайте по ролям:

⭕ **P13.**

Анна Петровна: - Здравствуйте, Поль! Как хорошо, что Вы в Москве!
Поль: - Здравствуйте, Анна Петровна! Я очень рад Вас слышать!
Анна Петровна: - Поль, у Ивана Ивановича в следующую субботу день рождения - юбилей. Ему будет 60 лет. Мы приглашаем Вас к нам в гости.
Поль: - О! Спасибо! С удовольствием приду. Во сколько часов?
Анна Петровна: - В 19 часов. Адрес у Вас есть?
Поль: - Да, есть. Тогда до субботы. До свидания.
Анна Петровна: - До свидания, Поль, до субботы.

⭕ **P14.**

Сергей: - Поль, привет! Мне сказали, что ты в Москве!
Поль: - Привет! Да, я приехал вчера.
Сергей: - Ты свободен в пятницу? Приходи к нам на ужин.
Поль: - Да, свободен. С удовольствием приду. Во сколько?
Сергей: - Отлично! В 19 часов. Мы будем рады тебя видеть. Пока. До пятницы.
Поль: - Пока, Сергей. До пятницы.

⭕ **P15.**

Анастасия: - Поль, здравствуй! Я рада, что ты в Москве. Я очень хочу тебя видеть, поговорить…
Поль: - Здравствуй, Настя! Да, мы так давно не виделись… Как ты?
Анастасия: - Всё хорошо, спасибо. Ты свободен сегодня вечером? Или завтра?
Поль: - Нет, к сожалению, я занят и сегодня и завтра. Я свободен в воскресенье. Мы можем увидеться в воскресенье.
Анастасия: - Приходи ко мне в гости в воскресенье в 16 часов. На чай.
Поль: - Спасибо. С удовольствием приду.

Задание 7. Вас пригласили в гости. Что дарить, когда приходить, какие традиции? Заполните пропуски. Слушайте и читайте тексты:

⭕ **P16.**

Поль: - *Александр, привет! Помоги мне, пожалуйста. Меня пригласили в гости. В пятницу я иду к Ирине и Сергею на ужин. В субботу я иду к Ивану Ивановичу на день рождения. У него юбилей. Ему будет 60 лет. В воскресенье я иду к Анастасии на чай. Я никогда не был в гостях у русских. Скажи мне, что нужно дарить, когда приходить, какие традиции?*

Александр: - *Хорошо, Поль, не волнуйся! Слушай!*

⭕ **P17.**

Александр: - …………… ты идёшь в пятницу?
Поль: - ……………………… на ужин.
Александр: - У них есть дети?
Поль: - Да, сын и дочь.
Александр: - Сколько …….. лет?
Поль: - ………. 4 года и …………. 7 лет.

Александр: - Когда ты идёшь на обед или на ужин, можно купить бутылку вина или шампанского. Русские любят «Советское шампанское». Его можно купить во всех продуктовых магазинах. Французское, конечно, они тоже любят. Можно также купить торт или шоколадные конфеты. Хозяйке дома всегда хорошо подарить букет цветов: например 3 - 5 -7 роз. Запомни: нечётное число – 1, 3, 5, 7 …! Детям можно подарить недорогие игрушки или шоколадку.

Р18.

Александр: – А .... ты идёшь в субботу?
Поль: – .... У ..... день рождения – юбилей. .... будет 60 лет. Нужно прийти в 19 часов.

Александр: – На юбилей нужно дарить хороший подарок. Ты можешь подарить ему, например, часы или красивую книгу. Это как у вас.
Тебя пригласили в 19 часов. Нужно прийти вовремя или немного опоздать – на 5 - 10 минут. Надо быть элегантным – в костюме и галстуке.

Р19.

Поль: – В воскресенье я иду .... очень симпатичной девушке. На чай. ..... зовут Настя. Мы познакомились, когда я учился на курсах в Москве, десять лет назад. Мы до сих пор дружим.

Александр: – Русские женщины очень любят, когда им дарят цветы. И, конечно, к чаю можно купить торт или пирожные. Приди вовремя и будь элегантным и галантным. И не забудь сказать комплимент: «Настя, ты сегодня очень красивая!». Помнишь песню Окуджавы – поэта и певца?:
«Давайте говорить друг другу комплименты,
Ведь это всё любви приятные моменты…»

Задание 8. Какие традиции у вас, когда вас приглашают в гости?

Задание 9. Работайте в парах/группах. Как Вы пригласите и куда?

Вам нужно поговорить с коллегой, обсудить дела.

Приехал из Бельгии ваш друг. Вы очень хотите его видеть, поговорить.

У вашей подруги день рождения. Вы организуете вечеринку-сюрприз и приглашаете друзей.

*Поздравляю с Днём рождения!
Желаю успехов, здоровья и счастья!*

Мне **нужно**		
Мне **надо**	} позвонить другу	
Ему **нельзя/можно** курить		

	Дательный падеж + наречия
Мне	интересно, грустно, скучно,
Мне было	холодно, жарко, весело, трудно,
Мне будет	легко…

Задание 10. Ответьте на вопросы. Работайте в парах:

Вам интересно смотреть детективы?
Вам не холодно?
Вам не жарко?
Вам нужно изучать китайский язык?
Тебе надо купить билет в кино?

Вам трудно изучать русский язык?
Вам было интересно в России?
Вам будет легко говорить по-русски в России?
Вам будет интересно читать книги по-русски?
Вам не скучно отвечать на вопросы?

Задание 11. Скажите, что Вам надо было делать вчера и что надо будет делать завтра?

....
....
....
....

НРАВИТЬСЯ	ПОНРАВИТЬСЯ
Виктору нравится путешествовать.	Ему понравился город Владимир.
Нам нравится эта картина.	Нам понравилась эта картина.
Ире нравится фруктовое мороженое.	Ей понравилось это мороженое.
Ивану нравятся рок-группы.	Ему понравились эти рок-группы.

Задание 12. Работайте в парах. Какие ответы дал ваш сосед?

1. Что тебе нравится делать в выходные дни?
2. В каких странах тебе нравится путешествовать?
3. В какой стране ты был в последний раз? Что тебе там понравилось?
4. Что тебе нравится в Брюсселе?
5. Какой писатель тебе нравится?
6. Ты смотрел/а вчера телевизор? Какая передача тебе понравилась?

Ответы вашего соседа

....
....
....
....
....
....
....
....

Задание 13. Объясните пословицы и поговорки

Русские пословицы и поговорки о дружбе

Не имей сто рублей, а имей сто друзей!

Живут как кошка с собакой.

Не дорог подарок, дорога любовь.

Не давай денег, не теряй дружбы!

Один ум – пол-ума, три ума – полтора ума, два ума – ум.

Источник:
«Пословицы русского народа» Сборник В. Даля, Государственное издательство художественной литературы, Москва 1957 г.

 **Вы согласны?**

УПРАЖНЕНИЯ

А. Напишите в правильной форме. Работайте в парах: фраза – вопрос – ответ.

Модель: Татьяна позвонила Виктору. – Кому позвонила Татьяна? – Виктору.

1. Отец купил .... часы. (сын) 2. Маша написала письмо .... (подруга) 3. Иван подарил букет цветов .... (Татьяна) 4. Мы показали фотографии .... (друзья) 5. Я сказал ...., что у нас завтра будет собрание. (коллеги) 6. Я предложила .... пойти в музей. (дети) 7. Мать посоветовала .... изучать иностранные языки. (дочь) 8. Передайте, пожалуйста, привет .... (Мария) 9. Адвокат дал .... хороший совет. (Пётр Николаевич) 10. Вчера мы ходили в гости .... (друзья) 11. В воскресенье я ездила .... на дачу. (подруга)

Б. Напишите в правильной форме:

Модель: Моя сестра живёт в Петербурге. Каждый месяц я пишу **ей** письма.

1. Мой брат делает трудное упражнение. Я должен .... помочь. 2. Мы пригласили в гости друзей. Мы будем показывать .... фотографии. 3. Что Вы ищете? Я могу .... помочь? 4. У нас есть подруга во Франции. В субботу она приедет .... на одну неделю. 5. Мой друг не знает, куда поехать в отпуск. Я посоветовал .... поехать в Сибирь на озеро Байкал. 6. Наши друзья сейчас живут на даче. Мы поедем .... завтра. 7. Это наш друг Иван Иванович. В субботу мы пойдём .... на день рождения. 8. Это моя подруга. Я иду .... в гости.

В. Напишите в правильной форме:

1. (поликлиника, врач) Я иду ....
2. (друзья, дача) Завтра мы поедем ....
3. (кабинет, директор) Секретарь пошла ....
4. (брат, Новосибирск) Скоро Татьяна поедет ....
5. (гости, друзья) Мы пришли ....
6. (Марина, Москва) .... приехал друг из Франции.

Г. Напишите в правильной форме:

Модель: **Куда** ты **идёшь** сегодня вечером? Я иду **к подруге**.
   Где ты **была** сегодня вечером? Я была **у подруги**.

Профессор
Куда идут студенты? ....
Где были студенты? ....

Родители
Куда вы идёте в воскресенье? ....
Где вы были в воскресенье? ....

Друзья
Куда Игорь поедет летом? ....
Где Игорь был летом? ....

Мать
Куда ты пойдешь в субботу? ....
Где ты была в субботу? ....

Д. Вставьте необходимые слова:

1. Антону Павловичу сегодня 50 лет. У него сегодня .... 2. Мы идём к нему .... 3. Мы купили ему хороший .... 4. Нельзя опаздывать. Нужно прийти .... 5. Настя пригласила нас в воскресенье в гости в 16 часов. .... Я куплю торт к чаю. 6. Ты пойдёшь к Насте в гости? К сожалению, я не могу. Я .... 7. Когда я приду к Насте, я скажу ей .... : - «Настя, ты сегодня очень красивая!»

Е. Напишите правильный вариант:

Лёгкий   Нравится   Интересный   Трудно   Интересно   Понравиться   Трудный   Легко

1. Виктор очень .... человек. (Я).................... с ним разговаривать.
2. Китайский язык очень .... (Вы) .... его изучать?
3. Это .... текст. (Ты)............ будет .... его переводить.
4. Вчера мы ходили в кино. (Мы) .... очень .... фильм.
5. Где (они) .... обычно .... отдыхать?

Ё. Составьте предложения с глаголами:

1. Передавать/передать ....
2. Дарить/подарить ....
3. Показывать/показать ....
4. Помогать/помочь ....
5. Советовать/посоветовать ....
6. Предлагать/предложить ....

УРОК № 3 ТРЕТИЙ УРОК

КАК ПРОЕХАТЬ? КАК ПРОЙТИ?

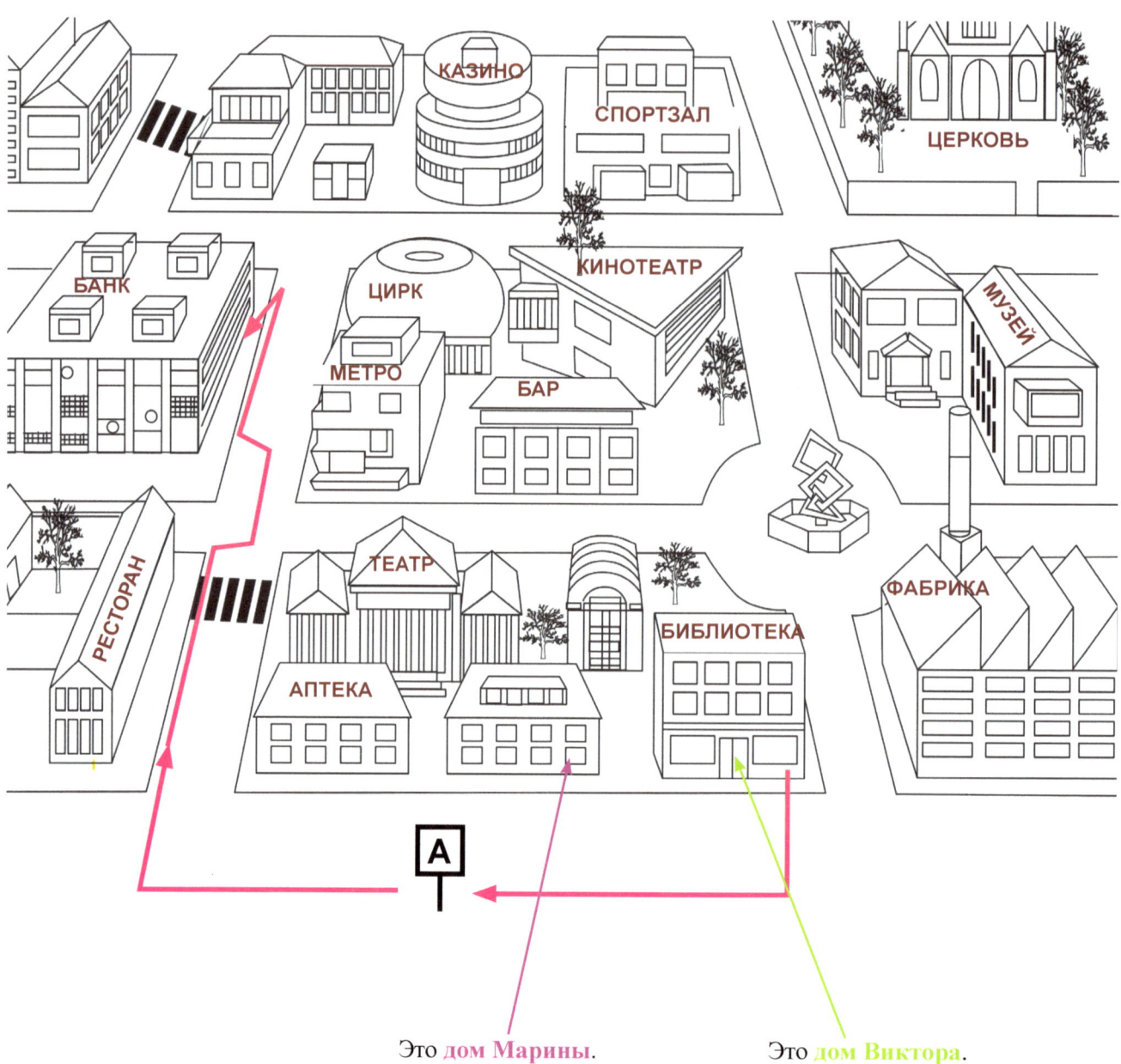

Это **дом Марины**.   Это **дом Виктора**.

Виктор живёт **недалеко от** Марины.
Марина живёт **близко от** Виктора.
Каждый день Виктор проходит **мимо дома** Марины, когда он идёт на работу.
Он идёт на **остановку автобуса**. Она находится **около дома** Марины.
Он едет на автобусе **до станции** метро «Пушкинская».
От остановки автобуса **до станции** метро «Пушкинская» нужно ехать 10 минут.
Его офис находится **напротив выхода** из метро.

Где работает Виктор?

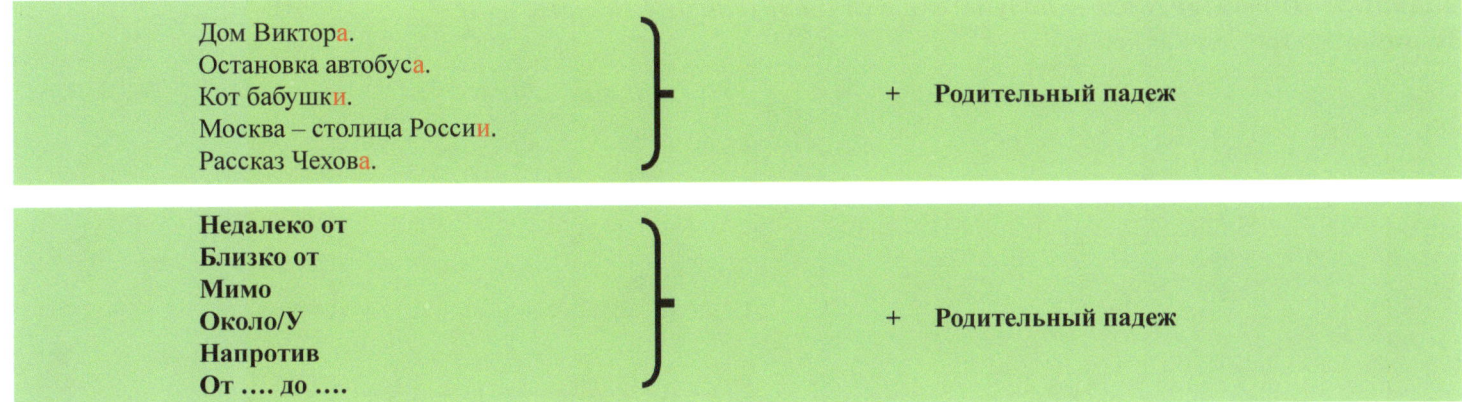

Задание 1. Посмотрите на план города на странице 20 и скажите:

Что находится близко от библиотеки?
Что находится недалеко от бара?
Что находится около казино?
Что находится напротив цирка?
Вы должны идти из аптеки в кинотеатр. Мимо чего вы идёте?
Как вы думаете, сколько времени идти от аптеки до кинотеатра?
Как вы думаете, сколько времени Виктор едет до работы?

Задание 2. Назовите страны. Модель: Москва – столица России.

1. Варшава – столица ……………
3. Киев - ……………
5. Таллинн - ……………
7. Вильнюс - ……………
9. Будапешт - ……………
11. Стокгольм - ……………
13. Рим - ……………
15. Афины - ……………
17. Берн - ……………

2. Минск - ……………
4. Бухарест - ……………
6. Рига - ……………
8. София - ……………
10. Прага - ……………
12. Берлин - ……………
14. Москва - ……………
16. Хельсинки - ……………
18. Вена - ……………

Задание 3. Составьте диалоги:

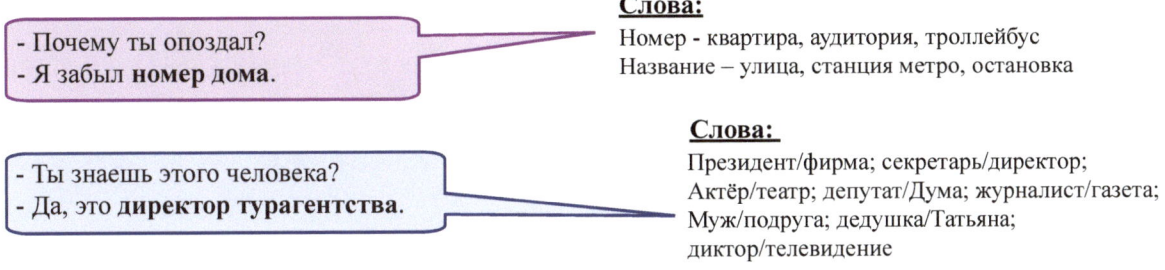

Слова:
Номер - квартира, аудитория, троллейбус
Название – улица, станция метро, остановка

Слова:
Президент/фирма; секретарь/директор;
Актёр/театр; депутат/Дума; журналист/газета;
Муж/подруга; дедушка/Татьяна;
диктор/телевидение

Задание 4. Скажите, где они живут:

Татьяна Иванова живёт в России, в Москве, на улице Тверская, в доме №5, в квартире 31. Почтовый индекс 117 243.
Андрей Петров живёт в Москве на Ленинградском проспекте, в доме №7, в квартире 143. Почтовый индекс 117 672.

	Игорь Сидоров	Ирина Горина
Страна:	Россия	Россия
Город:	Петербург	Владивосток
Почтовый индекс:	812 356	914 945
Название улицы:	Горная	Морская
Номер дома:	24	15
Номер квартиры:	215	67

Задание 5. Прочитайте адрес получателя и отправителя на конверте.
Напишите адрес на конверте:

Внимание:	Иванов А.Ю.	→	Кому? – Иванову А.Ю.	дательный падеж
	Иванова М.И.	→	Кому? – Ивановой М.И.	

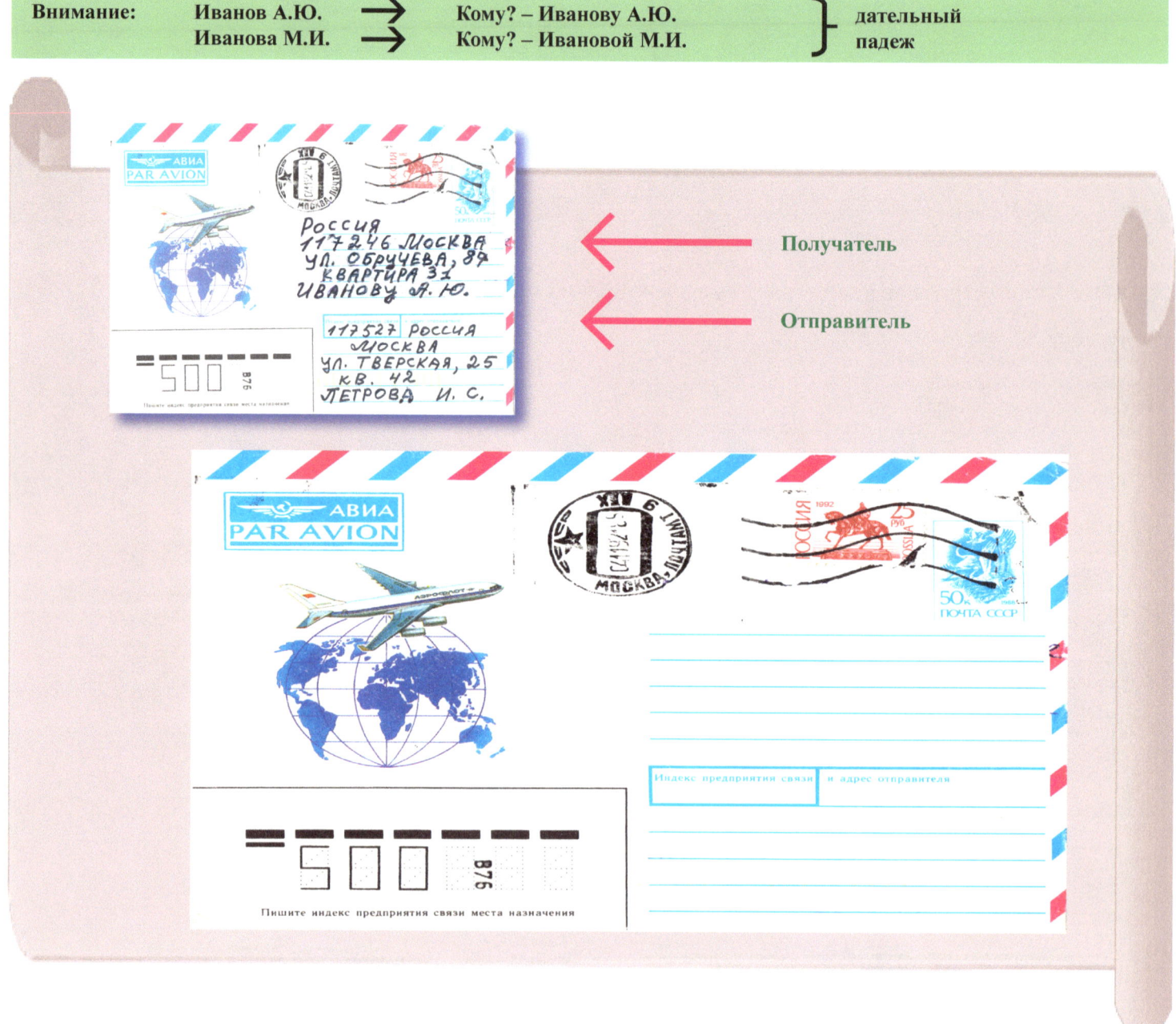

Задание 6. Как сказать, куда надо идти:

НАПРАВЛЕНИЯ

Идите вверх/вниз по улице…	Идите по улице/по проспекту….
Идите прямо	Идите до …. (магазина)
Поверните налево/направо	Идите мимо …. (аптеки)
Перейдите улицу/дорогу	Езжайте на автобусе/троллейбусе
Поверните на первую улицу налево	Выходите на четвёртой остановке
Поверните на вторую улицу направо	Езжайте на метро до станции….
Поверните на улицу/проспект …	Возьмите такси

Задание 7. Работайте в парах. Говорите направления, куда должен идти ученик. Отправление от «старта». Он правильно пришёл?

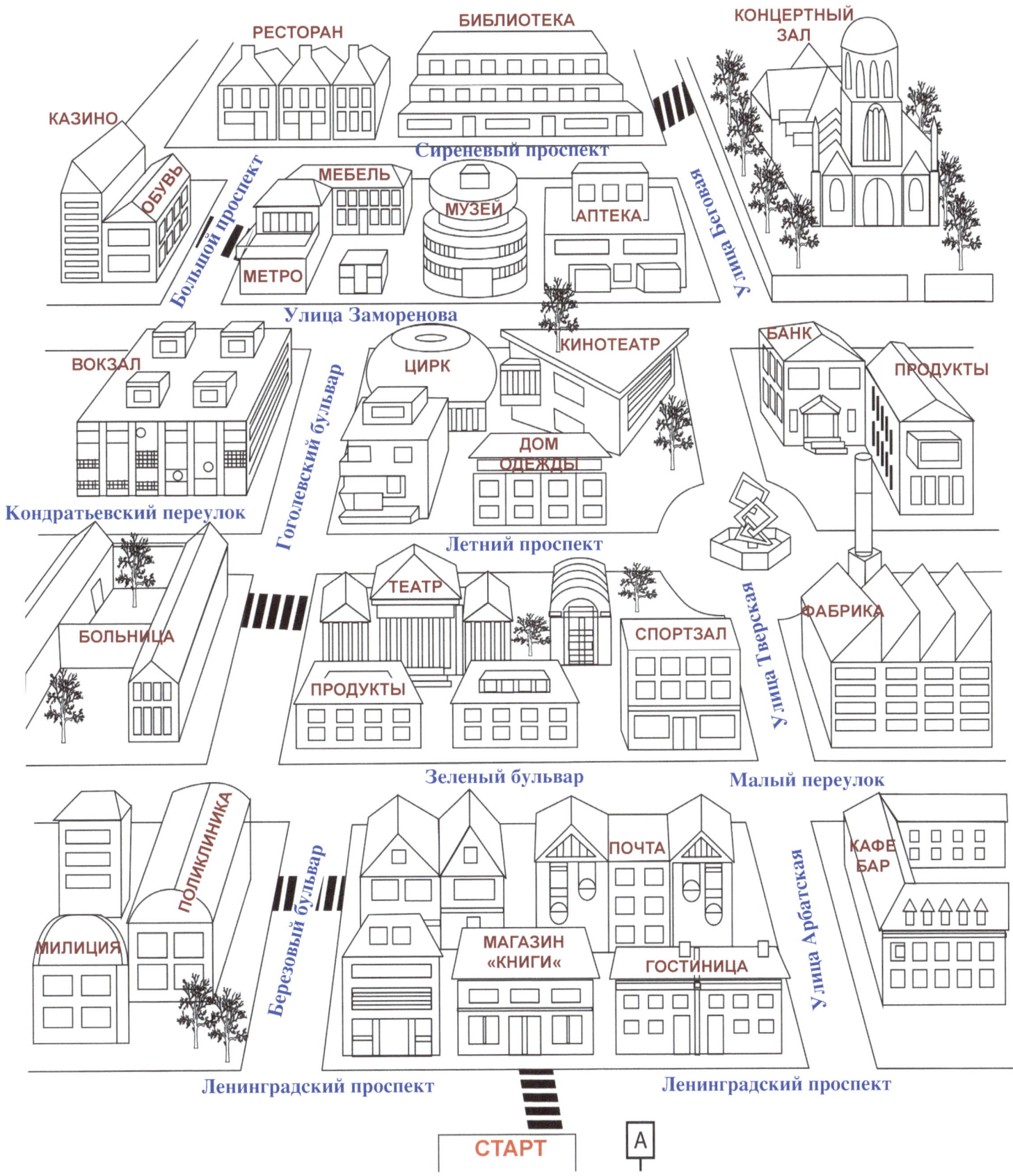

Родительный падеж прилагательных			
Единственное число			
М.р. Ср.р.	**Именительный падеж** **Какой? Какое?** Старый друг Новый профессор Русский журнал Интересное письмо	**Родительный падеж** Какого? Старого друга Нового профессора Русского журнала Интересного письма	-ого
	Хороший друг Последний пассажир Синий костюм	**После Ж, Ш, Ч, Щ когда флексия без ударения, и после мягких согласных** Хорошего друга Последнего пассажира Синего костюма	-его
Ж.р.	Какая? Новая подруга Большая квартира	Какой? Новой подруги Большой квартиры	-ой
	Хорошая собака Синяя блузка	**После Ж, Ш, Ч, Щ когда флексия без ударения, и после мягких согласных** Хорошей собаки Синей блузки	-ей
Множественное число			
Родительный падеж = предложный падеж			
М.р. Ср.р. Ж.р.	Какие? Новые студенты Красивые девушки	Каких? Новых студентов Красивых девушек	-ых
	Большие окна Последние дома	**После Г, К, Х, Ж, Ш, Щ и после мягких согласных** Больших окон Последних домов	-их

Задание 8. Читайте по ролям. Подчеркните родительный падеж. Составьте диалоги:

- Скажите, пожалуйста, у вас есть **исторические романы**?
- Да, у нас большой выбор **исторических книг**.

- Где вы встречаетесь?
- Мы встречаемся около **Большого театра**.

- Скажите, пожалуйста, на этой улице есть **книжный магазин**?
- Нет, здесь нет **книжного магазина**.

- Извините, пожалуйста! Как дойти до **исторического музея**?
- Идите прямо, потом направо.

<u>Слова:</u> русские фильмы, детские книги, женские костюмы, мужские часы, театральная касса, историческая библиотека, концертный зал, спортивный центр, гомеопатическая аптека, продовольственный магазин, мебельный магазин, итальянский ресторан, ветеринарная клиника.

Лексика
Взять напрокат машину, велосипед, мотоцикл
Частная машина, частный дом, частные проблемы, вопросы
Пробка на улице. Пробка от бутылки.
Парковка для машин. Парковаться.
Пешеход. Ходить пешком. Пешеходная улица.

Р20. Задание 9. Слушайте диалог. Ответьте на вопрос: О каких актуальных проблемах говорит Александр?

Поль: - Привет, Александр! У меня приятная новость!
Александр: - Да? Какая?
Поль: - Меня Ирочка пригласила в гости на чай, в воскресенье. Я очень рад!
Александр: - Прекрасно! Где она живёт?
Поль: - Она живёт в центре, на Гоголевском бульваре.
Александр: - Ты поедешь на метро?
Поль: - Нет… Я хочу взять напрокат шикарную машину, например, мерседес и после чая предложить Ирочке поехать на машине смотреть красивые места в Москве.
Александр: - Да… Идея шикарная, но совсем не практичная! Ты видел улицы в Москве? Одна из актуальных проблем Москвы – это проблема транспорта. На улицах слишком много больших частных машин. Пробки в центре города с утра до вечера и даже иногда ночью. От дома до работы быстрее доехать на метро, чем на машине. К тому же для больших машин в центре города нет парковок, так как улицы очень узкие. Машины паркуют на тротуаре, где ходят пешеходы.
Поль: - Да, действительно, в Москве много больших дорогих машин...
Александр: - Да! Для мужчин и для женщин тоже - это демонстрация своих успехов и статуса в жизни. Поэтому они хотят престижные машины. Я советую тебе ехать на метро. Тогда ты не опоздаешь к Ирине. Приедешь вовремя!
Поль: - Да, Александр, ты прав. Я поеду на метро. Я куплю Ирине большой букет цветов и торт к чаю.

Задание 10. Читайте диалог в парах. Найдите родительный падеж.

Задание 11. Пишите правильные окончания:
1. Я хочу взять напрокат шикарную машину, например, мерседес и после ча… предложить Ирочке поехать на машине смотреть красивые места в Москве.
2. Одна из актуальн… пробл… Москв… – это проблема транспорт… .
3. На улицах слишком много больш… частн… маш… .
4. Пробки в центре город… с утр… до вечер… и даже иногда ночью.
5. От дом… до работ… быстрее доехать на метро, чем на машине.
6. К тому же для больш… маш… в центре город… нет парков…, так как улицы очень узкие.
7. Да, действительно, в Москве много больш… дорог… маш…
8. Для мужч…, а иногда и для женщ…, это демонстрация своих успех… и статус… в жизни.
9. Я куплю Ирине большой букет цвет… и торт к чаю.

Задание 12. Дискуссия:

Какие проблемы транспорта в вашем городе?	Что надо делать?
1.	1. ....
2.	2. ....
3.	3. ....
4.	4. ....

УПРАЖНЕНИЯ

А. Ответьте на вопросы:
- Сколько ехать на поезде/на машине от Брюсселя до Парижа?
- От Брюсселя до Парижа на поезде ехать полтора часа.
- Сколько лететь на самолёте …..?

> Брюссель/Берлин
> Брюссель/Москва
> Париж/Барселона
> Париж/Нью-Йорк
> …………

Б. Поставьте слова в родительном падеже:
1. Антон – директор ………………………….….. (итальянский ресторан). 2. Это еда для …………….…………… (моя любимая кошка). 3. Идея……………..………………. (этот новый фильм) мне не понравилась. 4. Мы любим отдыхать на берегу ……………..………. (Чёрное море). 5. Какой ваш номер ……………………….…. (мобильный телефон)? 6. Я не знаю адрес ………... (исторический музей). 7. Это книги моей ……….................…. (старшая сестра). 8. Это дом наших …………………….…… (любимые друзья).

В. Задайте вопрос, дайте отрицательный ответ. Работайте в парах:
У тебя есть …………………………………………………………………….?
Нет, у меня нет …………………………………………………………

Слова: чёрное платье, большой телевизор, красивая машина, новый компьютер, мобильный телефон, испанские друзья, интересные фильмы, французские подруги, театральный абонемент, русские книги.

Г. Ответьте на вопросы:

- Где мы встречаемся?
- Около **Большого театра**.

- Ты был у **Антона**?
- Нет, я иду **к нему** сегодня.

> Исторический музей, итальянский ресторан, книжный магазин, историческая библиотека, театральная касса, памятник Пушкину, концертный зал, вход в метро, выход из метро, автобусная остановка, спортивный центр …

- Ты была у **родителей**?
- Да, я возвращаюсь от **родителей**.

> Мария Петровна, Николай Павлович, подруга, профессор Сидоров, друг детства, кардиолог, терапевт, новый директор, новая соседка...

- А ты ходила к **врачу**?
- Да, я иду от **врача**.

Д. Пишите в правильной форме:
Слова: брат, родители, сестра, друг, друзья, подруга, театр, гости, библиотека, ресторан.

- Где ты будешь в субботу вечером? Дома?

> Нет. Я буду ……………………….

Слова: коллеги – Англия; подруга – Бельгия; родители – дом; братья – Петербург

- Ты получил письмо?

> Да, …………………….

Е. Ответьте в правильной форме: к – от, у – от, на – с, в – из: Вопрос?
1. К кому ты идёшь? ……………………. (друг) Я возвращаюсь …………………. …………..
2. Куда вы ездили? ……………….(Москва) Мы возвращаемся ……………………. …………..
3. Где они были? ……………….(стадион) Они возвращаются ……………….. …………..
4. Кому ты пишешь письмо………………(дом, родители) Я получил письмо ………. …………..
5. Где ты? Я …………………….(брат) Я возвращаюсь …………………….. …………..
6. Куда вы ездили? ……………….(Куба) Вчера мы вернулись ……………………... …………..
7. Где ты был? …………………. (поликлиника, врач) Я пришёл домой ………….. …………..

Ё. Найдите подходящие слова:
Взять напрокат……………………………
Частный ……………………………………
Пробка ………………………………………
Парковка ……………………………………
Парковаться ………………………………

> на улице   на тротуаре   машина   мотоцикл
> вопросы   дом   от бутылки   проблемы
> велосипед   для машин

УРОК № 4 — ЧЕТВЁРТЫЙ УРОК

ВРЕМЕНА ГОДА. КУДА ВЫ ЛЮБИТЕ ЕЗДИТЬ ОТДЫХАТЬ?

Франсуаза: - Привет, Александр! Скажи, в какое время года лучше ездить в Россию, например, в Москву или Петербург?
Александр: - Когда хочешь. В России четыре времени года. Погода всегда разная. Если любишь холод и зимний спорт, езжай зимой. Будешь кататься на лыжах и на коньках. Если любишь тепло и жару, езжай летом. Но знай, что летом в выходные дни москвичи и петербуржцы сидят на дачах. Так что выбирай сама!

ЗИМОЙ обычно в России холодно: минус 5 – 25 градусов. Часто идет снег. В конце января и феврале светит солнце. На улице холодно, но приятно.

Зима: декабрь, январь, февраль

ВЕСНОЙ, особенно в апреле и мае, приятная погода. Температура плюс 5 – 15 градусов. Светит солнце. Иногда идут дожди. С юга прилетают птицы.

Весна: март, апрель, май

ЛЕТОМ обычно тепло и даже бывает жарко. Температура плюс 20 – 30 градусов. Бывают дожди. Практически все москвичи и петербуржцы в выходные дни сидят на дачах.

Лето: июнь, июль, август

ОСЕНЬЮ погода прохладная. Температура 5 - 10 градусов. Но в сентябре обычно бывает приятная тёплая погода – «Золотая Осень» или «Бабье лето». В ноябре часто идёт снег.

Осень: сентябрь, октябрь, ноябрь

Когда?
Зим**ой**, весн**ой**, лет**ом**, осень**ю**.
- Когда вы любите брать отпуск? – **В** сентябр**е** и **в** январ**е**.

Задание 1. Ответьте на вопросы. Объясните ваш ответ.

Почему?

Когда лучше ездить в Европу? ....
Когда лучше ездить в Латинскую Америку? ....
Когда лучше ездить в Австралию? ....
Когда лучше ездить на остров Пасхи? ....
Когда лучше ездить в Антарктиду? ....

	ИДТИ - ХОДИТЬ		ЕХАТЬ - ЕЗДИТЬ		ЛЕТЕТЬ – ЛЕТАТЬ		ПЛЫТЬ – ПЛАВАТЬ		БЕЖАТЬ - БЕГАТЬ	
Я	иду	хожу	еду	езжу	лечу	летаю	плыву	плаваю	бегу	бегаю
Ты	идёшь	ходишь	едешь	ездишь	летишь	летаешь	плывёшь	плаваешь	бежишь	бегаешь
Он/она	идёт	ходит	едет	ездит	летит	летает	плывёт	плавает	бежит	бегает
Мы	идём	ходим	едем	ездим	летим	летаем	плывём	плаваем	бежим	бегаем
Вы	идёте	ходите	едете	ездите	летите	летаете	плывёте	плаваете	бежите	бегаете
Они	идут	ходят	едут	ездят	летят	летают	плывут	плавают	бегут	бегают

Прошедшее время

Идти: шёл, шла, шло, шли
Ехать: ехал/а/о/и
Лететь: летел/а/о/и
Плыть: плыл/а/о/и
Бежать: бежал/а/о/и

Ходить: ходил/а/о/и
Ездить: ездил/а/о/и
Летать: летал/а/о/и
Плавать: плавал/а/о/и
Бегать: бегал/а/о/и

Задание 2. Слушайте и читайте. Объясните выбор формы глагола:

P21
- Привет, Игорь! Куда ты идёшь так рано?
- Я иду в бассейн.
- Ты часто ходишь в бассейн?
- Я хожу в бассейн каждую субботу утром.

P22
- Ты едешь на экскурсию во Владимир?
- Нет, я уже ездил туда раньше. Теперь мы хотим поехать в Кострому. Мы поедем на машине. Я не люблю ездить на экскурсии в группе и на автобусе.

P23
- Самолёты летают из Брюсселя в Москву каждый день.
- Из Брюсселя в Москву самолёт летит 3 часа 30 минут.

P24
- Вы были в маленьком городе Углич на Волге?
- Да, мы были там в прошлом году. Мы плавали туда на теплоходе из Москвы.

P25
- Сколько лет твоему сыну?
- Ему один год.
- Правда? И он уже так хорошо ходит!

P26
- Какие красивые часы!
- Да, это старинные часы, но они ещё хорошо ходят.

P27
- Летом, каждые выходные мы ездим на дачу. Но в эти выходные мы не поедем. У нас много дел дома.

P28
Жалко, что человек не умеет летать, как птица.

P29
- Сколько дней вы плыли из Москвы до Углича?
- Мы плыли полдня и одну ночь.

P30
Каждое утро до работы я люблю бегать в парке. Потом я бегу на работу.

Я **иду** в бассейн.   Я <u>всегда</u> **хожу** в бассейн по субботам. Мы <u>любим</u> **ходить** по городу.

Задание 3. Сделайте фразы по модели в рамке. Используйте глаголы:
ИДТИ – ХОДИТЬ; ЕХАТЬ – ЕЗДИТЬ; ЛЕТЕТЬ – ЛЕТАТЬ; ПЛЫТЬ-ПЛАВАТЬ; БЕЖАТЬ-БЕГАТЬ

1. Завтра мы едем на дачу. Каждые выходные мы .... на дачу.
2. Татьяна идёт в магазин. Она любит .... по магазинам.
3. Игорь летит во Владивосток. Обычно он .... во Владивосток в июле.
4. Ребёнок идёт к матери. Он такой маленький, а уже хорошо ....
5. Пётр быстро плывёт к финишу. Он – спортсмен. Он очень хорошо ....
6. Куда ты бежишь так рано? Я бегу в парк. Я всегда утром .... в парке.
7. Птицы умеют летать. А что может человек? ....

Задание 4. Напишите правильные глаголы и сделайте подобные диалоги:

Идти или ходить:
- Привет, ты .... в библиотеку?
- Я .... в бассейн.
- Нет, я .... туда по средам и по четвергам.

- Нет, я .... туда вчера. А ты куда ....?
- Вчера ты тоже .... в бассейн! Ты .... туда каждый день?

Ехать или ездить
1. - Вы любите .... на экскурсии?
- Да, мы .... на экскурсии каждые выходные. Завтра мы .... во Владимир и Суздаль.

2. - Где ты был **сегодня утром**?
- Зачем ты туда ....?
- Я .... в книжный магазин.
- Я хотел **купить книги на русском языке**.

Лететь или летать
- Я слышала, что ты .... во Владивосток на конференцию по Китаю?
- Я .... во Владивосток три года назад. Мне очень понравился этот город.
- Да, я .... завтра утром.

Плыть или плавать
- Я не люблю .... в реке, я люблю .... в море. А ты?
- Зимой я .... в бассейне, а летом в море.

Бежать или бегать
- Утром, когда я опаздываю на работу, я .... на автобусную остановку.
- А я никогда не опаздываю, поэтому мне не надо .... на остановку.

Утром я ходила в магазин. Когда я шла в магазин, я встретила подругу.

В воскресенье мы ездили на поезде на море. Когда мы ехали туда на поезде, мы много разговаривали.

Задание 5. Пишите правильный глагол:
1. Вчера Виктор .... на стадион. Когда он .... туда, он встретил друга.
2. В воскресенье мы .... в театр. Когда мы .... туда, моя подруга рассказывала об актёрах.
3. На прошлой неделе мы .... в Кострому. Туда мы .... на машине, обратно мы .... на поезде.
4. Летом мы .... на теплоходе в Углич. Туда мы .... один день.
5. Вчера мы .... в парк. Когда мы .... обратно, было уже темно.
6. На прошлой неделе Игорь .... в Петербург. Туда он .... на самолёте. Обратно он .... на поезде.

Обычно, всегда, каждый год...	Сегодня, завтра, один раз...
Приходить	Прийти
Приезжать	Приехать
Прилетать	Прилететь
Приплывать	Приплыть
Прибегать	Прибежать
Уходить	Уйти
Уезжать	Уехать
Улетать	Улететь
Уплывать	Уплыть
Убегать	Убежать

Задание 6. Пишите глаголы с приставками при-/у-. Отвечайте на вопросы. Работайте в парах:
1. Когда ты обычно .... на работу? Во сколько часов ты .... сегодня?
2. Когда ты обычно .... с работы? Во сколько часов ты .... сегодня с работы?
3. Когда вы .... к нам в гости? К вам часто .... друзья на Новый Год?
4. Сегодня ты летишь в Москву? Во сколько часов ты .... ?
5. В порт .... огромный круизный теплоход из Майями. Ты .... на этом теплоходе?
6. Участник марафона стартовал в 9 часов. Он бежал 3 часа. Во сколько часов он .... к финишу?
7. - Когда я гуляла в парке, моя собака .... и я не могла её найти.
   - Но потом она .... ?
   - Да, она сама .... домой.

Задание 7. Читайте текст. Объясните глаголы движения.

Круиз по Волге
Впечатления французского туриста

Всё началось так.

Моя дочь, которую я пригласил **провести отпуск** в Москве, сказала мне, что не хочет ехать первый раз в Москву летом, потому что она всегда думала о Москве, как о зимнем городе, где много снега, как в песне Жильбера Беко. Тогда, чтобы не **оставаться** всё время в летней без снега Москве, мы **решили** уехать из жаркого города и поехать в круиз по Волге. Такой круиз – это как **возвращение** в эпоху СССР. Он начинается с Речного вокзала, значит со сталинской архитектуры. Наш теплоход был построен в 70-е годы. Как обычно в России, теплоход отплывает под музыку, но не под музыку современной группы, а под музыку известной военной песни «Прощание славянки».
Целью нашего круиза были города Углич и Мышкин. Мы плыли полдня и ночь. У нас было много времени, чтобы отдохнуть и познакомиться с русскими людьми. Мы поняли, что на борту этого теплохода только мы – иностранцы.

В первый и последний дни, когда теплоход плыл, мы **веселились** с русскими пассажирами: пели русские народные песни, смотрели старые советские фильмы, танцевали на **палубе**. И, конечно, говорили много тостов, пили водку, закусывая салами и очень вкусными огурцами и помидорами с дачи.

Первая остановка была в Угличе. Это прекрасный город. Когда мы приплыли туда, джаз банда играла на берегу, чтобы **приветствовать** нас. Мы прошли по парку, где продавали сувениры. Это не так, как в центре Москвы: цены недорогие и можно купить **настоящие кустарные изделия**. И мы решили в Угличе купить подарки для друзей, которые **предпочли** отдыхать на **перенаселенных** берегах Западной Европы.

Вторая остановка – Мышкин. Назвали этот город так, потому что несколько веков назад **мышь спасла** жизнь **рыцаря**. Поэтому туристов приветствуют маленьким спектаклем, в котором танцуют большие мыши.

В этот день был праздник города. В Западной Европе на таком празднике любители танцуют народные танцы под музыку гармониста. В этом городе сорок молодых балерин танцевали «Лебединое озеро» Чайковского на большой сцене.

И вот теплоход плывёт обратно в Москву. Когда **утомлённое солнце заходит,** туристы с командой начинают танцевать танго. Ночь **светла** на Волге и можно видеть берега. Начинается **рассвет,** и утро **туманное** освещает Волгу. С этого начинается родина...

Новые слова
Провести отпуск
Оставаться/остаться
Решать/решить
Возвращение
Цель
Веселиться
Палуба
Приветствовать
Настоящий
Кустарное изделие
Предпочитать/предпочесть
Перенаселенный
Мышь
Спасать/спасти
Рыцарь
Утомлённое = усталое
Солнце заходит ≠ солнце восходит
Светла = светлая
Рассвет
Туманный

Задание 8. Скажите правильный вариант:

А. Моя дочь хотела поехать в Москву весной.
Б. Мы решили поехать в круиз по Чёрному морю.
В. Мы плыли на современном теплоходе.
Г. На теплоходе были одни иностранцы.
Д. У нас не было времени познакомиться с другими пассажирами.
Е. Нам было очень скучно во время круиза.
Ё. В Угличе мы не смогли купить сувениры, потому что цены очень дорогие.
Ж. Все наши друзья любят отдыхать в России.
З. Город Мышкин называется так, потому что там живут кошки.
И. На празднике деревни в Мышкине жители танцевали народные танцы.

○ P31 **Задание 9.**
Слушайте текст и пишите пропущенные слова:

Всё началось так.
Моя дочь, которую я .... провести отпуск в Москве, сказала мне, что не хочет .... первый раз в Москву ...., потому что она всегда думала о Москве, как о .... городе, где много ...., как в песне Жильбера Беко.
Тогда, чтобы не .... всё время в .... без снега Москве, мы решили .... из жаркого города и .... в круиз по Волге. Такой круиз – это как возвращение в эпоху СССР. Он .... с Речного вокзала, значит со сталинской архитектуры. Наш теплоход был построен в 70-е годы. Как обычно в России, теплоход .... под музыку, но не под музыку современной группы, а под музыку известной военной песни «Прощание славянки».
Целью нашего круиза были города Углич и Мышкин. Мы .... полдня и ночь. У нас было много времени, чтобы........................ и .... с русскими людьми. Мы поняли, что на борту этого теплохода только мы – ....
В первый и последний дни, когда теплоход ...., мы веселились с русскими ....: пели русские народные песни, смотрели старые советские фильмы, ... на палубе. И, конечно, говорили много ...., пили водку, закусывая салями и очень вкусными огурцами и помидорами с дачи.
Первая .... была в Угличе. Это прекрасный город. Когда мы ...., джаз банда играла на берегу, чтобы приветствовать нас. Мы .... по парку, где продавали сувениры. Это не так, как в центре Москвы: цены .... и можно купить .... кустарные изделия. И мы решили в Угличе купить подарки для ...., которые предпочли .... на перенаселенных .... западной Европы.
Вторая остановка – Мышкин. Назвали этот город так, потому что несколько веков назад мышь спасла .... рыцаря. Поэтому туристов приветствуют маленьким спектаклем, в котором .... большие мыши.

В этот день был .... города. В Западной Европе на таком празднике любители танцуют народные танцы под музыку гармониста.
В этом городе сорок молодых балерин танцевали «Лебединое озеро» Чайковского на большой сцене.
И вот теплоход .... обратно в Москву. Когда утомлённое солнце ...., туристы с командой .... танцевать танго. Ночь светла на Волге и можно видеть .... рассвет, и утро туманное освещает Волгу. С этого начинается родина...

Задание 10. О чём рассказывает французский турист? Что нового он открыл для себя в этой поездке?

Задание 11. Слушайте. Работайте в группах: скажите, по каким критериям выбирают друзья места для отдыха.

Куда любят ездить отдыхать русские?

1. Не нужно брать много вещей, можно взять один рюкзак.
2. Цивилизованная страна.
3. Можно любоваться дикой природой.
4. Лучше ехать в экзотические страны.
5. Покупаешь туристический «пакет» - это значит, что всё оплачено: билет на самолёт, гостиница, еда.
6. Можно увидеть диких животных: слонов, обезьян, леопардов...
7. В ресторане большой выбор блюд.
8. Можно ловить рыбу в озере.
9. Можно ездить каждый день в новый город.
10. Можно попробовать традиционные африканские блюда.
11. Есть детская столовая.
12. Нужно ехать туда, где нет цивилизации.
13. Можно собирать грибы.
14. Можно жить в маленькой уютной гостинице.
15. Прекрасный клубный отель.
16. Лучше ехать в тёплые страны.
17. Можно отдохнуть недорого.
18. Можно гулять в тайге и увидеть медведя.
19. Нужно ездить туда, где можно жить в дешёвых гостиницах или бесплатно.
20. Прекрасная еда.
21. Можно плавать на теплоходе и любоваться красотой дикой природы.
22. Есть анимация для взрослых и детей.
23. Есть клуб для детей.
24. Не нужно ничего организовывать. Просто покупаешь билет туда и обратно и летишь.
25. Можно купаться в тёплом море.
26. Нужно посмотреть мир.
27. Можно ездить в джунглях на джипе.
28. Несколько бассейнов.
29. Можно весь день сидеть у бассейна.
30. Можно посмотреть исторические памятники.

Р32 Татьяна

Р33 Игорь

Р34 Александра

Р35 Владимир

Задание 12. Напишите письмо другу/подруге с приглашением поехать отдыхать. Аргументируйте ваше предложение. Используйте тексты из заданий 7 и 11:

Задание 13. Ситуация. Работайте в маленьких группах: Составьте диалог. Вы приглашаете друзей поехать отдыхать (когда и куда). Аргументируйте ваше предложение. Выскажите вашу реакцию на приглашение друга.

> *Привет, дорогой/дорогая* ....
>
> *С нетерпением жду ответа* ....

УПРАЖНЕНИЯ

А. Поставьте глаголы *ехать, ездить, поехать, идти, ходить, пойти, лететь, летать, полететь, плыть, плавать, поплыть, бежать, бегать, побежать* :

1. В прошлую субботу я ………….. на машине к брату. В следующую субботу я тоже ……………. к нему.
2. Каждое лето мы ……………… на море. В прошлом году мы ……………. на море в Сочи. В будущем году мы …………….. на море в Турцию.
3. Куда ты ………..?
   Я …………… к врачу.
   А я ………….. к нему вчера.
4. Куда ты ……………… летом, когда у тебя будет отпуск?
   Я ……………… в Италию. А ты?
   В Италию я …………….. в прошлом году. В этом году я ………… в Испанию.
5. Я очень люблю …………….. на дельтаплане. А ты умеешь ……………. на дельтаплане?
6. Как ты ……………… в Екатеринбург, на поезде или на самолёте? Я ……………. на самолёте.
7. Я иду в бассейн. Я учусь …………….. .
8. У нас на даче есть река. Обычно я ……………… от одного берега до другого 10 минут.
9. В воскресенье будет марафон. Я буду …………… 20 километров. Я не люблю марафоны, потому что я не люблю ………….

Б. Поставьте глаголы *ходить – идти, ездить – ехать, летать – лететь*
с приставками *при-; у-* :

1. Обычно я …………. с работы в 18 часов. Но сегодня у нас было собрание и я …………. в 21 час.
2. В нашу фирму всегда ……………… иностранные делегации. Сегодня ………….. делегация из Италии.
3. Весной в Москву …………… с юга птицы. Сейчас апрель. Птицы уже ……………
4. Каждую пятницу студенты …………… из института в 15 часов. Сейчас 16 часов. Они уже …………… из института.
5. Каждое лето мы ……………. из Москвы на дачу. В этот раз мы …………. в июле, потому что в июне была плохая погода.
6. Осенью птицы …………….. из Москвы на юг. Сейчас погода холодная. Птицы уже ………… на юг.

В. Дополните фразы. Используйте глаголы «пойти/прийти/уйти». Вы звоните другу/подруге.
Составьте подобные диалоги:

- Добрый день! Позовите, пожалуйста, Татьяну.
- Её сейчас нет. Она …………… .
- А когда она ……………?
- Я думаю в 7 часов.
- Спасибо, я позвоню в 8 часов.

- Добрый вечер! Позовите, пожалуйста ………… .
- ………. сейчас нет. ……………………………..
- А куда ………………….?
- Я думаю ………………….
- Спасибо, я …………………..

Г. Найдите однокоренные слова:

<u>Выходные</u> дни …………….
Погода <u>прохладная</u> …………….
Старинный …………….
Самолёт …………….
Теплоход …………….
Поездка …………….
Современный …………….
Иностранец …………….
Приветствовать …………….
Перенаселённый …………….
Познакомиться …………….
Возможность …………….
Платить …………….
Собирать …………….
Любоваться …………….

знать	любить
лететь	ходить
можно	холод
старик	тепло
ездить	время
знакомый	плата
выход	старый
население	любовь
платный	собрание
холодный	поезд
страна	привет

Д. Найдите антонимы:

современный, рассвет, тёплый, максимум, дети, дорого, дикий, близко, весёлый, бесплатный, довольный

Холодный …………………………
Платный …………………………
Взрослые …………………………
Цивилизованный …………………………
Недовольный …………………………
Древний …………………………
Грустный …………………………
Дёшево …………………………
Далеко …………………………
Закат …………………………
Минимум …………………………

УРОК № 5 — ПЯТЫЙ УРОК

ПОВТОРЕНИЕ

Задание 1. Ответьте на вопросы:
- Вы не знаете, куда пошла Татьяна? - ……………………………………(дискотека)
- Вы не знаете, когда придёт врач? …………………………………….. (16:00)
- Когда ты поедешь во Владивосток? …………………………………….(суббота)
- Когда Марина уехала в Казахстан? ……………………………………...(прошлый месяц)
- Когда придут гости? …………………………………………………..(через, 15, минута)
- Когда ты придёшь на работу? ………………………………………… (09:00)

Задание 2. Скажите откуда они пришли/приехали:
1. Антон ездил в Германию. – Он приехал ……………………………
2. Татьяна была в библиотеке. – Она ……………………………………
3. Дедушка ходил в клинику. - ……………………………………………
4. Они ходили в бассейн. - …………………………………………………
5. Игорь был на выставке. - …………………………………………………
6. Студенты были на экскурсии. - …………………………………………
7. Ирина ходила к врачу. - …………………………………………………
8. Я была у сестры. - …………………………………………………………

Задание 3. Отвечайте на вопросы. Работайте в парах:

Работа
1. Где ты была? …………………
2. Куда ты ходила? …………………..
3. Откуда ты пришла? ………………

Россия
1. Где был Мишель? ………………..
2. Куда ездил Мишель? ………………
3. Откуда приехал Мишель? …………

Хабаровск
1. Где была делегация? ………………
2. Куда летала делегация? ……………
3. Откуда прилетела делегация? ………..

Сектретарь
1. Где ты был? ……………………..
2. Куда ты ходил? …………………..
3. Откуда ты пришёл? ………………

Друзья
1. Где была Ирина ? …………………
2. Куда ходила Ирина ? ………………
3. Откуда пришла Ирина ? ……………

Мать
1. Где была Татьяна? …………………
2. Куда ездила Татьяна? ………………
3. Откуда приехала Татьяна? …………

Задание 4. Напишите в прошедшем и будущем времени:

Мне трудно делать этот перевод. …………………………………… ……………………………………

Задание 5. Сделайте диалоги:

Слова: брат, родители, сестра, друг, друзья, подруга, театр, гости, библиотека, ресторан.

- Куда ты пойдёшь в субботу вечером? К коллеге/На концерт?   Нет. Я буду ……………….

Слова: коллеги – Англия; подруга – Бельгия; родители – дом; братья – Петербург

- Ты получил поздравления?   Да, ……………………

Задание 6. Задайте вопрос:
1. Я пишу письмо **другу**. ……………………………………………………………………… ?
2. Я пишу письмо **в Москву**. …………………………………………………………………… ?
3. Я пишу письмо **в министерство**. …………………………………………………………… ?

Задание 7. Ответьте на вопрос:

1. Вчера Саша ходил в кино. Он был в кино и посмотрел фильм? ....
2. В 8 часов Саша пошёл в кино. Он был в кино и посмотрел фильм? ....

1. В 19 часов мы приехали в гости к друзьям. Мы сейчас у друзей? ....
2. В 19 часов мы поехали в гости к друзьям. Мы сейчас у друзей? ....

1. Мой друг прилетел ко мне в гости в Москву. Мой друг сейчас у меня? ....
2. В воскресенье он улетел домой в Иркутск. Мой друг сейчас у меня? ....

Задание 8. Выберите все возможные варианты:

| К | около | близко от | мимо | напротив | от..... до.... | недалеко от | у |

1. .... нашего дома есть продовольственный магазин.
2. Мы живём .... станции метро «Белорусская».
3. Идите .... остановке автобуса. Я жду вас там.
4. .... Москвы .... Петербурга нужно ехать четыре часа на поезде.
5. Татьяна живёт .... работы.
6. Мы встречаемся .... входа в зоопарк.
7. Идите .... театра, потом поверните в первую улицу налево.
8. .... нашего офиса есть прекрасный недорогой ресторан.

Задание 9. Напишите антонимы:

Древний - .... Цивилизованный - .... Взрослые - ....
Грустный - .... Бесплатный - .... Дешёвый - .... Довольный - ....
Максимум - .... Рассвет - .... Близко - .... Холодный - ....
Можно .... Трудно ....

Задание 10. Образуйте от глаголов существительные:

Советовать .... Разговаривать .... Работать .... Путешествовать ....
Дружить .... Отдыхать .... Подарить .... Встречаться ....

Задание 11. Вставьте правильный глагол в правильной форме:

| Поплыть | Решить | Плыть | Провести | Приплыть | Предпочесть | Веселиться | Оставаться |

В этом году мы .... отпуск в России. Моя дочь не хотела .... все время в летней без снега Москве. Тогда мы купили билеты и .... на теплоходе по Волге. Теплоход .... в Углич полдня и одну ночь. Мы .... на палубе вместе с другими пассажирами. Когда мы .... в Углич, в порту нас приветствовали музыканты. В Угличе мы купили сувениры для друзей, которые .... отдыхать в Западной Европе.

Задание 12. Пишите:

1. Вы хотите путешествовать по Испании, но у вас нет машины. Что нужно делать? ....
2. На дороге очень много машин. Вы не можете ехать. Почему? ....
3. В Москве машины паркуются на тротуарах. Кому трудно ходить по тротуарам? ....

○ Р36. Задание 13. Смотрите на картинку на странице 23. Вы находитесь на «Страте». Слушайте направления и следуйте указаниям. Куда Вы пришли?

....

УРОК № 6	ШЕСТОЙ УРОК

ИЗ ИСТОРИИ РОССИИ

Вас интересует история Российского государства и где можно почитать об истории России? Вы найдёте краткий обзор российской истории в Википедии.

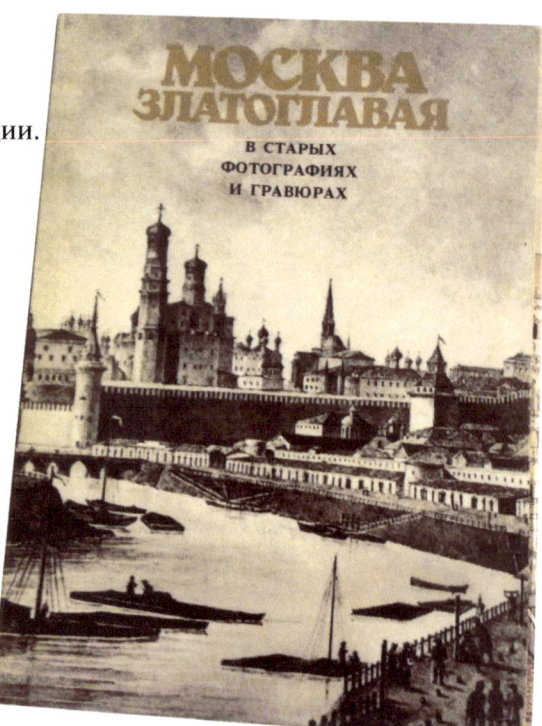

Великими российскими историками были:

Н.М. Карамзин История государства Российского.
Никола́й Миха́йлович Карамзи́н (1 [12] декабря 1766, Знаменское, Симбирская губерния, Российская империя - 22 мая [3 июня] 1826, Санкт-Петербург, Российская империя) — историк, крупнейший русский литератор эпохи сентиментализма. Создатель «Истории государства Российского» (тома 1-12, 1803-1826) — одного из первых обобщающих трудов по истории России. Редактор «Московского журнала» (1791-1792) и «Вестника Европы» (1802-1803).

С. М. Соловьёв. История России с древнейших времён.
Серге́й Миха́йлович Соловьёв (5 (17) мая 1820, Москва - 4 (16) октября 1879, Москва) - русский историк; профессор Московского университета (с 1848), ректор Московского университета (1871-1877), академик Императорской Санкт-Петербургской Академии наук по отделению русского языка и словесности (1872).

(статьи из Википедии 2016 г.)

Какой год? 1983 г. – тысяча девятьсот восемьдесят третий год
2016 г. – две тысячи шестнадцатый год

Некоторые исторические даты Государства Российского

Задание 1. Читайте даты.
862 г. - Считается годом **основания Древнерусского государства.**
988 г. - **Крещение Руси.** Киевская Русь принимает христианство.
1147 г. - **Основание Москвы** князем Юрием Долгоруким (по официальной версии)
1223 г. – Начало монгольского вторжения на Русь и установление монголо-татарского ига.
1480 г. - **Конец монголо-татарского ига на Руси**.
1589 г. - **Учреждение патриаршества в России**.
1613 г. - **Приход к власти в России династии царей Романовых**.
1703 г. - **Основание Санкт-Петербурга.** Город назван в честь Святого Петра.
1812 г. - **Бородинская битва** - битва между русской армией во главе с Кутузовым и французской армией под командованием Наполеона.
1861 г. - **Отмена крепостного права в России**.
1914 г. - **Начало Первой мировой войны** и вступление в неё Российской империи.
1917 г. - **Революция в России** (Февральская и Октябрьская). В феврале после падения монархии власть перешла к Временному правительству. В октябре путём переворота к власти пришли большевики.
1918 г. - Декрет о **переходе на новый календарный стиль** с I (14) февраля
1918 - 1922 г. - **Гражданская война в России**. Она кончилась победой Красных (большевиков) и созданием советского государства.
1922 г. - **Образование СССР (Союз Советских Социалистических Республик)**
1941 - 1945 гг. - **Война между СССР и Германией** – Великая Отечественная война (в период Второй мировой войны).
1991 г. -**Распад СССР и падение социализма**.
1993 г. - **Принятие конституции Российской Федерацией**

Когда?	Предложный падеж
В каком году?	В тысяча девятьсот восемьдесят треть**ем** год**у**
	В две тысячи шестнадцат**ом** год**у**
	В эт**ом** год**у**
	В прошл**ом** год**у**
	В будущ**ем**/следующ**ем** год**у**
В каком веке?	В перв**ом** век**е** нашей эры/до нашей эры
	В эт**ом** век**е**
	В двадцать перв**ом** век**е**
В каком месяце?	В прошл**ом**/в эт**ом**/в следующ**ем** месяц**е**, в январ**е**, в феврал**е**

ИНТЕРЕСНЫЕ ФАКТЫ

Задание 2. Задайте вопросы и скажите, в каком году произошли эти события.

Модель: – В каком году было открытие Московского университета?
– В тысяча семьсот пятьдесят пятом году.

1755 г. – Открытие Московского университета
1825 г. - Строительство первой железной дороги в России.
1918 г. - В России женщины получили избирательное право (в Соединённых штатах – 1920)
1935 г. - Открытие первой линии Московского метрополитена (первое в мире метро было построено в Лондоне -1863 г.)
1949 г. - Создание и испытание первой атомной бомбы в СССР.
1957 г. - VI Всемирный фестиваль молодёжи и студентов в Москве
1957 г. – Запуск в космос в СССР первого в мире искусственного спутника Земли.
1961 г. - Первый полёт человека в космос. Им был Юрий Гагарин из СССР.
1965 г. - Выход лётчика-космонавта А.А. Леонова в открытый космос.
1980 г. – Летние Олимпийские игры в Москве.
2002 г. - По рейтингу ЮНЕСКО Екатеринбург вошёл в список 12-ти идеальных городов мира.

Задание 3. В каком веке?
Америка была открыта Христофором Колумбом в (XV век).
Из европейцев первыми увидели Австралию голландцы в (XVII век).
Южный полюс начали изучать в (XX век)
Электричество открыли в (XVIII век)
Первый телефон появился в (XIX век)
Калькулятор изобрели в (XVII век).

Какие интересные факты и открытия вы знаете ?

Задание 4. Как вы думаете, какие изобретения и открытия будут сделаны в XXI веке?

	Когда?	
На этой неделе	**На** прошлой/той неделе	**Неделя** **На** будущей/следующей неделе

Задание 5. Поставьте слова в скобках в правильной форме и составьте подобные диалоги:

- Привет, Антон, когда **мы сможем встретиться**?
- Извини, (эта неделя) я не смогу, я очень занят. Давай **встретимся** (следующая неделя).

- Ты **была у родителей**?
- Да, **я ездила к ним** (прошлая неделя).
- Тогда я поеду к ним (будущая неделя)

- Когда нам нужно **закончить эту работу**?
- (Следующая неделя)

- Привет! **Давно тебя не видел**!
- Да, (та неделя) у меня было слишком много **дел**. (Следующая неделя) я буду свободен. Можем **увидеться**.

	Им.п. Род.п.
Какое сегодня число?	Сегодня перв**ое** январ**я**.
	Род.п. Род.п.
Когда начинается новый год? –	Перв**ого** январ**я**.

Задание 6. Читайте тексты.

Праздники в России (по материалам сайта www.calend.ru и Википедии)

В настоящее время **в России официально отмечаются** 8 праздников, 7 из которых [все кроме Рождества], государственные. Праздничные дни закреплены Трудовым Кодексом Российской Федерации (ТК РФ). Согласно статье 112 ТК РФ **нерабочими праздничными днями** в Российской Федерации являются:
- **1- 6.01 и 8.01** - Новый год. Новогодние каникулы.
- **7.01** - Рождество
- **23.02** - День защитника отечества
- **8.03** - Международный женский день
- **1.05** - Праздник Весны и Труда
- **9.05** - День победы
- **12.06** - День России
- **4.11** - День Народного единства

Другие общенациональные праздники и памятные даты
Обычно широко отмечаются, но не являются нерабочими:
- 25.01 - Татьянин день (день студентов);
- 1.04 - День смеха;
- 12.04 - День космонавтики;
- 24.05 - День славянской письменности и культуры;
- 1.06 - Международный день защиты детей;
- 8.07 - День семьи, любви и верности;
- 1.09 - День знаний;
- 5.10 - День учителя;
- 12.12 - День конституции России.

Ледовая Москва 2017

22 июня - День памяти и скорби. В этот день вспоминают начало Великой Отечественной войны, на телевидении и радио не транслируются развлекательные передачи.

Кроме этого в России обычно отмечаются профессиональные праздники. Например, 10 февраля поздравляют дипломатических работников, 19 марта - моряков-подводников, 27 апреля - нотариусов и т. д.

Задание 7. Какие праздники и какого числа отмечают в вашей стране?

Число Месяц	Название праздника
....	....
....	....
....	....
....	....
....	....

Салют

Когда ты родился?   **В каком году?**
                        Предложный падеж (П.п.)
Я родился в тысяча девятьсот семьдесят девят<u>ом</u> год<u>у</u>.
         П.п.   Родительный падеж (Р.п.)
Я родился <u>в мае</u> тысяча девятьсот семьдесят девят<u>ого</u> <u>года</u>.
         Р.п.   Р.п.   Р.п.
Я родился <u>третьего</u> <u>сентября</u> тысяча девятьсот семьдесят девят<u>ого</u> <u>года</u>.

Задание 8. Спросите учеников вашей группы, когда они родились, когда родились их члены семьи, друзья. Запишите ответы. Отвечайте по схеме:
- в каком году
- в каком месяце и году
- какого числа, месяца, года

Имя, фамилия	Год	Месяц и год	Число, месяц, год
1.			
2.			
3.			
4.			
5.			
6.			
7.			

Задание 9. Какие важные события и когда произошли в вашей жизни.

1.
2.
3.
4.
5.
6.
7.
8.
9.
10.
11.
12.
13.
14.
15.
16.

Главные музеи Москвы и Петербурга.

Из статей «Музеи России» www.museum.ru
По этому адресу Вы можете найти больше информации о музеях России.

Задание 10. Посмотрите в словаре слова:
Основание, основать, основатель
Посвятить
Создать, создатель, создание
Учёный, учить, ученик, учитель
Подлинный
Произведение
Искусство
Собрание, собирать
Живопись, живописец

Задание 11. Слушайте тексты и заполняйте пробелы.

○ **Р. 37** *Музей изобразительных искусств им. А.С. Пушкина*
Город Москва

Датой основания Музея изобразительных искусств имени А.С. Пушкина считается …………………….. Организации музея посвятил многие годы труда его создатель - профессор Московского университета Иван Владимирович Цветаев (……………..), а также группа московских и петербургских учёных. Сначала новый музей был основан, как университетский учебный центр. Через …………, в ………………. было открытие музея. Коллекция состоит из подлинных произведений искусства. Это и коллекция древнеегипетских памятников (……….. предметов), которую собрал во время путешествий по Египту петербургский востоковед В.С. Голенищев, и произведения итальянских художников …………………..
В музее имеются работы зарубежных художников из собраний русских коллекционеров.   Это картины нидерландских и немецких мастеров, фламандских и испанских живописцев ……………, итальянских художников ………-………… ,

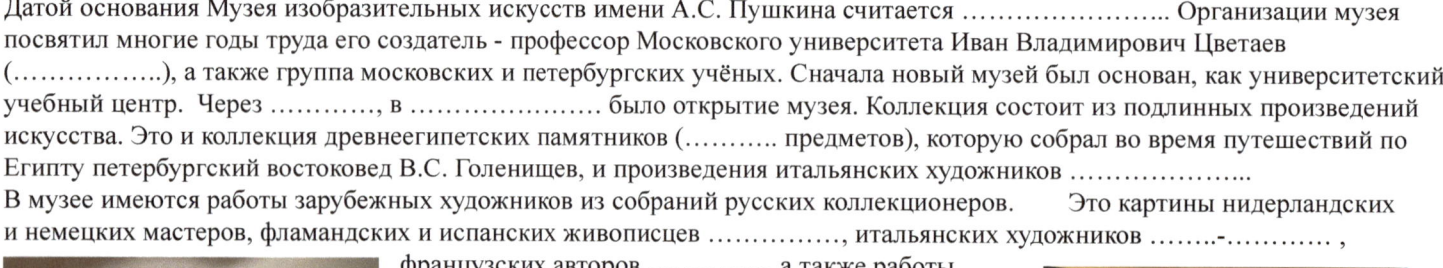

французских авторов …………….., а также работы европейских мастеров - Боттичелли, Рембрандта, ван Дейка, Рубенса, Пуссена и других.
В ……………… музей получил имя великого русского поэта Александра Сергеевича Пушкина.
В ……………. в коллекцию музея вошли произведения французских художников конца ……….-начала ……….. века. Это были картины Мане, Ренуара, Дега, Писсарро, Сислея, Сезанна, Ван Гога, Гогена, Матисса, Пикассо и других.
В рамках картинной галереи сформировалась и значительная коллекция подлинной западноевропейской скульптуры.
В настоящее время собрание Государственного музея им. А.С. Пушкина насчитывает более, чем ………………….. произведений живописи и скульптуры, графических работ, произведений прикладного искусства, памятников археологии и нумизматики, художественной фотографии.

Задание 12. Ответьте на вопросы:
1. Где находится музей имени А.С.Пушкина ?
2. Когда был основан музей ?
3. Кто основатель музея ?
4. Кто принял участие в создании музея
5. Какие произведения входят в его коллекцию ?
6. Когда музей получил имя А.С.Пушкина ?
7. Сколько произведений искусства насчитывает в настоящее время музей ?

Р. 38 Эрмитаж
Город Санкт-Петербург

Государственный музей Эрмитаж в Санкт-Петербурге – один из крупнейших художественных и культурно-исторических музеев мира. Музей занимает ………… зданий на Дворцовой набережной Невы.

Коллекции Эрмитажа формировались на протяжении длительного времени.
Датой основания музея является ……………, когда императрица Екатерина II приобрела первую крупную коллекцию - ………. картин – у берлинского коллекционера. Собрание, куда входили полотна фламандских, голландских и итальянских художников …………, положили основание будущего Императорского Эрмитажа.
В …………. благодаря Екатерине II в России появился интерес к коллекционированию.

В дальнейшем для дворца покупались за границей частные коллекции: графа Брюля (Дрезден, ……….. г.), банкира Кроза (Париж, …….. г.), лорда Уолполя (Лондон, ……… г.), императрицы Жозефины (Париж, …….. г.) и многих других коллекционеров.
На сегодняшний день коллекция музея насчитывает примерно ……………… произведений искусства и памятников мировой культуры, начиная с каменного века и до нашего столетия. Это живопись, графика, скульптура и предметы прикладного искусства, археологические находки и нумизматический материал.

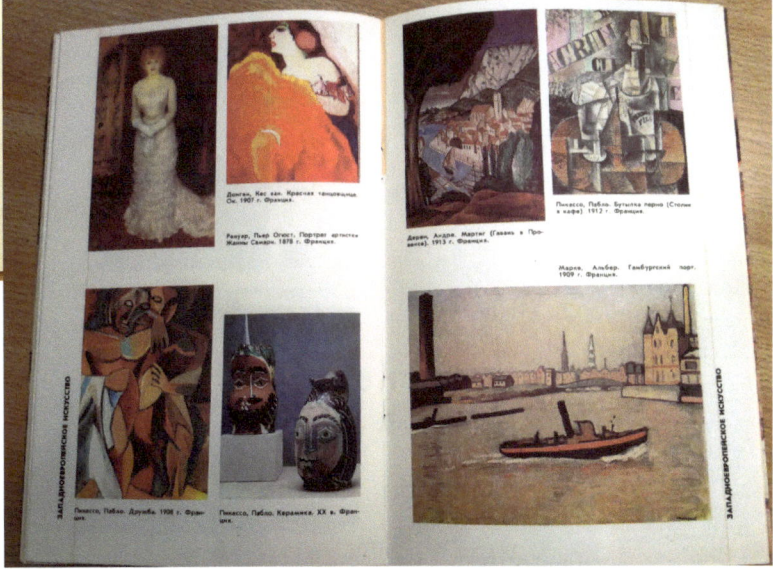

(Из брошюры «Эрмитаж», составитель Ю.Г.Шапиро, Лениздат, 191023, С-Петербург, Фонтанка, 59)

Из них почти ……………… представлено в экспозиции музея.
В Эрмитаже ………….. отделов: первобытной культуры, культуры и искусства античного мира, культуры и искусства народов Востока, русской культуры, западноевропейского искусства и нумизматики. Экспонаты занимают ……… залов.

(Из брошюры «Эрмитаж», составитель Ю.Г.Шапиро, Лениздат, 191023, С-Петербург, Фонтанка, 59)

Что вы узнали об Эрмитаже?

**Задание 13. Какие музеи вы любите и рекомендуете посмотреть и почему.
Напишите историю создания музея, какая в нём коллекция, в чём специфика музея.**

УПРАЖНЕНИЯ

А. Ответьте на вопросы, используя словосочетания: В этом, прошлом, следующем году/месяце:

1. Когда ты пойдёшь в отпуск?	5. Когда ты поедешь в Россию?
2. Когда ваши друзья приедут к вам в гости?	6. Когда ты получишь диплом?
3. Когда вы ездили в Африку?	7. Когда ты последний раз ходил в кино?
4. Когда ты начнёшь читать новую книгу?	8. Когда мы виделись в последний раз?

Б. Ответьте на вопросы, используя словосочетания. Работайте в парах:
На той, этой, прошлой, будущей, следующей неделе

1. Когда мы сможем поговорить о делах?	5. Когда ты ходила к врачу?
2. Когда приедут твои друзья?	6. Когда ты звонил родителям?
3. Когда ты смотрела этот фильм?	7. Когда будет премьера этого спектакля?
4. Когда ты идёшь к Татьяне и Игорю в гости?	8. Когда у вас начинаются экзамены?

В. Работайте в парах: пишите и читайте цифры.

Р. 39 Г. Слушайте и пишите цифрами годы:
1. 2. 3. 4. 5. 6. 7.
8. 9. 10. 11. 12. 13. 14.

Д. Найдите синонимы: Живописец Зарубежный Создатель Собрание Труд Полотно

- Коллекция ....
- Картина ....
- Художник ....
- Основатель ....
- Работа ....
- Иностранный ....

Е. Найдите однокоренные слова:

Нация	Памятный Основать Государственный Помнить
Память	
Профессия	Международный Открывать Создатель Памятник
Дипломат	
Посол	Профессиональный Создать Коллекционер
Народ	
Работа	Учить Коллекционировать Собирать Учитель
Праздник	
Государство	Посольство Рабочий Народный Иностранец
Ученик	
Создание	Праздничный Набережная Основатель Учёный
Собрание	
Основание	Посылать Иностранный Работник Национальный
Открытие	
Берег	Дипломатический
Страна	
Коллекция	

Ё. Что вы знаете о России и российских городах?

Когда было основано Древнерусское государство?
Когда Русь приняла христианство?
Кто основал Москву?
В каком году была основана Москва?
Кто построил Санкт-Петербург?
В каком году был построен Петербург?
Когда была Бородинская битва между российской армией во главе с Кутузовым и французской армией во главе с Наполеоном?
Когда отмечается в России День победы в Великой Отечественной войне?
Когда отмечается в России Рождество?

| УРОК № 7 | СЕДЬМОЙ УРОК |

БИОГРАФИЯ

Чем вы любите заниматься? – Я люблю заниматься спортом и музыкой.
Кем хочет стать Витя? – Он хочет стать космонавтом.
С кем ты ходила в театр? – Я ходила в театр с подругой.
В прошлом году Игорь был студентом, а сейчас он работает инженером.
Я люблю чай с лимоном и джемом.
В тетради я пишу карандашом.

Творительный падеж существительных			
Единственное число			
	Именительный падеж	Творительный падеж	
	Кто? Что?	(С) кем? (С) чем?	
М.р. Ср.р.	Спорт Антон Письмо Преподаватель Николай Музей Товарищ Здание	Я занимаюсь спортом Я встречаюсь с Антоном Я посылаю фото с письмом Я говорю с преподавателем Я познакомился с Николаем Магазин за музеем Я встречаюсь с товарищем Метро за этим зданием	-ом/-ем - й ⇒ ем После ж,ч,щ,ш,ц когда флексия без ударения - ем
Ж.р.	Сестра Татьяна Актриса Россия Семья Дача	Я занимаюсь с сестрой Татьяной Она будет актрисой У нас контракт с Россией Виктор с семьёй едет на море Я доволен дачей	-ой/-ей/-ёй После ж,ч,щ,ш,ц когда флексия без ударения - ей
	Площадь Дочь Мать	Перед площадью есть кафе Говорить с дочерью и матерью	-ю
Множественное число			
М.р. Ср.р. Ж.р.	Студент Музей Письмо Актриса Площадь Ребёнок	Я разговариваю со студентами Он занимается музеями Он занимается письмами Они стали актрисами Площадями Детьми	-ами -ями

Задание 1. Составьте короткие фразы с данными глаголами:

Чем/кем?

Заниматься	брат, дети, спорт, музыка, литература
Работать	архитектор, врач, юрист, директор
Быть (был/будет)	студент, инженер, профессор
Стать	кинозвезда, космонавт, милиционер, миллионер
Интересоваться	искусство, история, театр, кино, актриса
Увлекаться	философия, фантастика, джаз, рок
Болеть/заболеть	грипп, ангина
Владеть	дом, знания, фирма, иностранные языки

С кем?

Встречаться/встретиться	друзья, родители, друг, подруга
Разговаривать	коллеги, директор, брат, сестра
Говорить	подруга, секретарь, дочь, сын
Советоваться/посоветоваться	семья, отец, мать, адвокат
Договариваться/договориться	коллеги, партнёры, конкуренты

Чем? Кем?

Писать	ручка, карандаш
Есть	ложка, вилка, нож
Пользоваться	компьютер, телефон, лифт
Доволен/довольна/довольны	дети, ученики, начальник

> Виктор **работает** продавцом.   Татьяна хочет **стать** актрисой.   Иван решил **быть** инженером

Задание 2. Составьте диалоги:

- Чем занимается твоя **сестра**?

- Сейчас она работает **в фирме**.
  А раньше работала **преподавателем**.

Слова: Отец, мать, Иван Петрович, Александр, твой брат, бабушка ....
Банк, ресторан, школа, больница, министерство, университет, магазин, библиотека...
Инженер, секретарь, на пенсии, врач, адвокат, продавец, актёр, бухгалтер, программист, медсестра....

Задание 3. Ответьте на вопросы:

Чем вы любите заниматься?   Чем вы увлекаетесь?   Кем вы мечтали стать в детстве?   Кем хотят быть ваши дети, друзья?

Задание 4. Подберите подходящие слова в рамке справа:

Я занимаюсь русским языком ....
Я .... сделал этот перевод. Он очень трудный.
Олег .... согласился поехать с друзьями на дачу.
Татьяна .... сообщила мне плохую новость.
Ученики .... прочитали текст об истории России.
Ребёнок ....слушал рассказ бабушки.

с интересом   с радостью
с удивлением   с грустью
с удовольствием с трудом

Задание 5. Заполните пропуски:

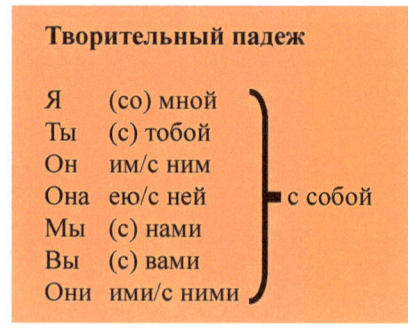

Творительный падеж
Я (со) мной
Ты (с) тобой
Он им/с ним
Она ею/с ней
Мы (с) нами
Вы (с) вами
Они ими/с ними

с собой

1. Ты пользуешься компьютером? Я .... пользуюсь каждый день.
2. Я еду в выходные на море. Хочешь поехать ....?
3. Ты идёшь в кино? Я пойду ....
4. Татьяна и Максим едут в отпуск. Они возьмут .... детей?
5. Сегодня идёт дождь. Ты взял .... зонтик?
6. Сегодня вечером Ира будет смотреть телевизор. Я буду смотреть .... телевизор.
7. Иван хорошо учится. Преподаватель доволен ....
8. Это мои студенты. Мне нужно .... поговорить.
9. Почему ты такой грустный? Что ....? – Не волнуйся! .... всё в порядке.
10. Когда я еду в отпуск, я всегда беру .... фотоаппарат.
11. Вы пойдёте в воскресенье в лес? Возьмите меня ....!

Задание 6. Составьте вопросы со словами *с кем/кем/чем* и дайте ответы. Работайте в парах:

Поехать отдыхать	*С кем ты поедешь отдыхать?*	С друзьями ....
Пойти в гости		
Пойти в ресторан		
Должен/на встретиться		
Должен/на поговорить		
Надо посоветоваться		
Надо договориться		
Интересоваться		
Болеть		
Недоволен/недовольна		

Задание 7. С чем вы будете есть или пить... Смотрите картинки на стр. 60-62. Работайте в парах:

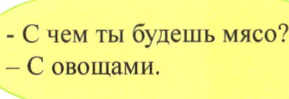
- С чем ты будешь мясо?
– С овощами.

Булочка

Сок

Бутерброд с икрой

Рулет из семги

Творительный падеж прилагательных			
Единственное число			
	Именительный падеж	**Творительный падеж**	
М.р. Ср.р.	Какой? Какое? Старый друг Новый профессор Интересное письмо Большой интерес Русский журнал Хороший друг Последний пассажир Синий костюм	(С) каким? Старым другом Новым профессором Интересным письмом Большим интересом Русским журналом Хорошим другом Последним пассажиром Синим костюмом	-ым/-им После Г, К, Х, Ж, Ш, Ч, Щ и после мягких согласных - им
Ж.р.	Какая? Новая подруга Большая квартира Хорошая собака Синяя блузка	(С) какой? Новой подругой Большой квартирой Хорошей собакой Синей блузкой	-ой/-ей После Ж, Ш, Ч, Щ когда флексия без ударения, и после мягких согласных - ей
Множественное число			
М.р. Ср.р. Ж.р.	Какие? Новые студенты Красивые девушки Большие окна Последние дома	(С) какими? Новыми студентами Красивыми девушками Большими окнами Последними домами	-ыми/-ими После Г, К, Х, Ж, Ш, Ч, Щ и после мягких согласных - ими

Задание 8. Ответьте на вопросы:

Какими иностранными языками ты владеешь? ....
Каким компьютером ты пользуешься? ....
С какими друзьями ты поедешь отдыхать? ....
Какими книгами ты интересуешься? ....
С какими друзьями ты советуешься, когда у тебя есть проблемы? ....

Для или чтобы	
Для чего тебе нужна эта книга? – Эта книга мне нужна **для изучения** истории России.	Для + существительное в родительном падеже
Зачем ты купил эту книгу? – Я её купил, **чтобы изучать** традиции России.	Чтобы + глагол в инфинитиве
Отец хочет, **чтобы** его **сын изучал** медицину и стал хирургом.	Чтобы + глагол в прошедшем времени

Задание 9. Отвечайте на вопросы. Используйте слова *для* или *чтобы*:

1. Зачем ты ходил в магазин?
2. Для чего тебе нужен французско-русский словарь?
3. Для кого ты купила этот подарок?
4. Зачем Дима пришёл к тебе?
5. Для чего ты купила овощи?
6. Зачем тебе нужен этот документ?
7. Зачем тебе нужно изучать русский язык?
8. Зачем ты едешь в Россию?

Задание 10. Найдите синонимы

Великий	рано
Торговля	создать
С ранних лет	большой/известный
Основать	коммерция

Задание 11. Найдите антонимы

Сильный	родиться
Взрослый	плохо
Бедный	слабый
Умереть	богатый
В совершенстве	ребёнок

Задание 12. Найдите в правой колонке объяснение словам:

(.....) Грамотно	А. сделать жизнь другой / жить по-другому
(.....) Поступить в университет	Б. заработная плата
(.....) Лучший	В. без ошибок
(.....) Мозаичная картина	Г. поехать/пойти
(.....) Делать опыт	Д. начать учиться в университете
(.....) Принять решение	Е. двенадцать лет учёбы
(.....) Разработать проект	Ё. уметь делать много и хорошо
(.....) Двенадцатилетний курс	Ж. делать эксперимент
(.....) Изменить жизнь	З. подготовить проект/сделать проект
(.....) Способности	И. мозаика
(.....) Отправиться	К. самый хороший
(.....) Зарплата	Л. решить

Благодаря (чему?) Благодаря своему таланту, он стал прекрасным актёром.

Несмотря на (что?) Несмотря на плохую погоду, мы пошли гулять в парк.

Задание 13. Напишите фразы со словами:

Насмотря на...   *Благодаря...*

1. ....   1. ....
....
2. ....   2. ....
....
3. ....   3. ....
....

Задание 14. Прочитайте текст, найдите незнакомые слова в словаре. Подчеркните творительный падеж.

Михаил Васильевич ЛОМОНОСОВ (1711-1765)

Краткий биографический обзор

Михаил Васильевич Ломоносов – великий русский учёный, химик, физик, энциклопедист, художник, историк, поэт и писатель. Его труды известны во всём мире. Он был профессором химии, членом Академии наук и художеств.

Детство Михаила Ломоносова

Михаил Ломоносов родился 19 ноября 1711 года в Архангельской области. Его семья занималась рыбной ловлей, торговлей. С ранних лет он выходил с отцом в море, что сформировало его сильный характер. Он учился письму и чтению. Когда ему было 14 лет он умел грамотно писать.

Не хочу жениться, а хочу учиться

Когда Михаилу было 19 лет, он узнал, что отец хочет его женить. Ему эта идея совсем не понравилась. Тогда он принял решение, которое навсегда изменило его жизнь. В декабре 1730 года он ночью ушёл из дома и отправился вместе с караваном с рыбой в Москву. Путешествие до Москвы продолжалось три недели. С собой он взял только одежду и две книги — «Грамматику» и «Арифметику».

Гравюра. Э.Фессар и К.А.Вортман. 1757г.

Учёба в Москве

Его большой мечтой было овладеть знаниями. Он пешком пришёл в Москву в начале января 1731 г. и поступил в Славяно-греко-латинскую академию. В его классе были маленькие дети, а он был уже взрослым человеком. Жил он очень бедно, всего на 3 копейки в день. Несмотря на всё это, он много учился, занимался в библиотеке и благодаря своему труду он закончил за 5 лет двенадцатилетний курс обучения. Учителя были удивлены его необыкновенными способностями и талантами.

Жизнь в Германии

В 1736 году он уехал учиться с группой лучших студентов в Германию, где изучал технические науки, естественные науки, литературу, иностранные языки. Жизнь Ломоносова в этот период была очень активной. Он много работал, изучал науки, делал опыты, писал научные труды, читал лекции, но несмотря на эту занятость, он находил время, чтобы писать стихи и литературные произведения.

Работа на родине

В 1741 году Михаил Васильевич вернулся на родину.
В 1742 году он стал преподавателем физики в Петербургской академии наук, а затем профессором химии.
В 1748 году он создал первую в стране химическую лабораторию.
В 1753 году он основал стекольную фабрику.
В 1755 году он разработал проект Московского университета, который позже стал носить его имя: Московский государственный университет имени М.В. Ломоносова (МГУ им. М.В.Ломоносова)
Ломоносов был почётным членом нескольких иностранных академий наук.
Он внёс также большой вклад в развитие русской филологии, истории, поэзии. Его труды, например «Российская грамматика», положили начало научному изучению русского языка.
Михаил Васильевич Ломоносов умер в 1765 году, 4 апреля (по старому стилю), когда ему было 54 года.

Некоторые интересные факты из жизни Ломоносова

Михаил Васильевич Ломоносов был талантлив не только в науках, но и в сфере культуры. Он занимался химией, физикой, астрономией, писал прекрасные стихи, а в свободное от всех этих дел время делал мозаичные картины. Он был прекрасным фехтовальщиком. Несмотря на спокойный внешний вид, Ломоносов был человеком очень эмоциональным и не всегда сдержанным. И ещё у него была поистине говорящая фамилия: **Лом-о-нос-ов**. Один раз во время его спора с одним из академиков Михаил Васильевич ударил оппонента по лицу и сломал ему нос! Ломоносов был настоящим полиглотом. Он в совершенстве владел двенадцатью иностранными языками и ещё на девятнадцати свободно разговаривал.

(Источник: http://kvn201.com.ua/lomonosov.htm)

Задание 15. Что вы узнали о М.В.Ломоносове.

Профессия	Что он сделал в жизни	Его характер

Каких учёных вы знаете?..

Профессия	Что он/она сделал/ла в жизни	Его/её характер

○ **Р40. Задание 16. Слушайте диалог.**

Что вы узнали о Коле?

1. ....
2. ....
3. ....
4. ....
5. ....
6. ....
7. ....
8. ....

○ **Р40. Задание 17. Слушайте и пишите пропущенные слова. Прочитайте диалог. Подчеркните творительный падеж.**

Татьяна: - Привет, Коля!
Коля: - Привет!
Татьяна: - Я слышала, что ты .... работу. Это правда?
Коля: - Да, я сейчас .... новую работу.
Татьяна: - А в чём дело? Ты недоволен своей .... ?
Коля: - Я уже десять лет работаю в школе .... математики. Ты знаешь, дети стали такими .... Я .... и хочу найти другую работу. Например, в фирме.
Татьяна: - Какое у тебя образование?
Коля: - Я экономист. Я .... экономический факультет московского университета.
Татьяна: - А .... ты теперь хочешь заниматься?
Коля:- Я хочу работать .... в фирме и заниматься ....
Татьяна: -Ты владеешь ....?
Коля: - Да, я свободно говорю по-английски и я начал изучать китайский язык. Сейчас открываются большие перспективы для работы с Китаем.
Татьяна: - И ты умеешь ....?
Коля: - Конечно! Кто сейчас не умеет пользоваться компьютером? Даже бабушки пишут друг другу электронную почту и ищут информацию в интернете.
Татьяна: - Какая у тебя .... ?
Коля: - Ты знаешь, что в школе зарплата небольшая. На такую зарплату жить трудно. А у меня большая семья – три сына. Поэтому я хочу найти интересную работу с .... зарплатой.
Татьяна: - У меня есть друг Александр. Он открыл свою компьютерную фирму. .... нужен хороший экономист с прекрасным .... английского языка. И сейчас у них есть проект работы с .... Может быть тебе это будет интересно? Я дам тебе его телефон. Позвони ему!
Коля: - Хорошо, спасибо. Я потом тебе расскажу о нашем разговоре. Пока!
Татьяна: - Пока! Успехов!

Задание 18. Составьте диалог: Коля звонит Александру. О чём они говорят?

Коля:

Александр:

Задание 19. Вы ищете нового сотрудника. Делайте интервью.

Роли:
Рабочая комиссия – кандидат на вакантное место

Фирма – секретарь директора.

Ресторан – шеф повар.

Турагентство – специалист по Азии.

Компьютерная фирма – программист.

Салон красоты – массажист.

Бутик – дизайнер одежды.

УПРАЖНЕНИЯ

А. Найдите однокоренные слова

Грамотно ....
Детство..
Письмо...
Чтение..
Учёба..
Знание..
Удивлён/а/ы..
Занятость..
Разработать..
Совершенство..

грамотный	писатель	дети	читать
учиться	знать	занятие	работа
удивляться	совершенный		заниматься
учёный	читатель	грамота	учитель
вершина	ученик	разработка	наверху
знаменитый	детский	писать	письменный
занят/а/о/ы	грамматика	учить	удивление

Б. Вставьте в текст пропущенные слова в правильной форме:

Грамотно	Сдержанный	Опыты	Владеть	Благодаря	Отправиться	Торговля
Несмотря на	Труды	Принять	Сильный	Настоящий	Овладеть	Чтобы
Великий	Активный	Изменить	Взрослый	Способности	Поступить	

М.В.Ломоносов – .... русский учёный. Его .... известны во всем мире.

Михаил Ломоносов родился 19 ноября 1711 года в Архангельской области. Его семья занималась рыбной ловлей и .... С ранних лет он выходил с отцом в море, что сформировало его .... характер. Он учился письму и чтению. Когда ему было 14 лет он умел .... писать.
В 19 лет он .... решение, которое навсегда .... его жизнь. Он ночью ушёл из дома и .... в Москву.

Его большой мечтой было .... знаниями. Он пешком пришёл в Москву в начале 1731 г. и .... в Славяно-греко-латинскую академию. В его классе были маленькие дети, а он был уже .... человеком. Жил он очень бедно. .... всё это он много учился, занимался в библиотеке и .... своему труду он закончил за 5 лет двенадцатилетний курс обучения. Учителя были удивлены его необыкновенными .... и талантами.

В 1736 году он уехал учиться в Германию. Жизнь Ломоносова в этот период была очень .... Он много работал, изучал науки, делал ...., писал научные труды, но несмотря на эту занятость, он находил время, ... писать стихи и литературные произведения.

Несмотря на спокойный внешний вид, Ломоносов был человеком очень эмоциональным и невсегда .... Ломоносов был .... полиглотом. Он в совершенстве .... двенадцатью иностранными языками.

В. Напишите свою биографию :

Кем вы хотели стать в детстве? Какие советы давали вам родители?	Кем вы стали?

УРОК № 8 — ВОСЬМОЙ УРОК

ЧТО НУЖНО ДЕЛАТЬ, ЧТОБЫ ЛУЧШЕ ЖИТЬ?

Нужно больше работать?
Нужно больше отдыхать?
Нужно есть больше чипсов?
Нужно заниматься больше спортом?
Нужно чаще ходить к врачу?
Нужно пить больше воды?
Нужно больше спать?

С чем вы согласны?

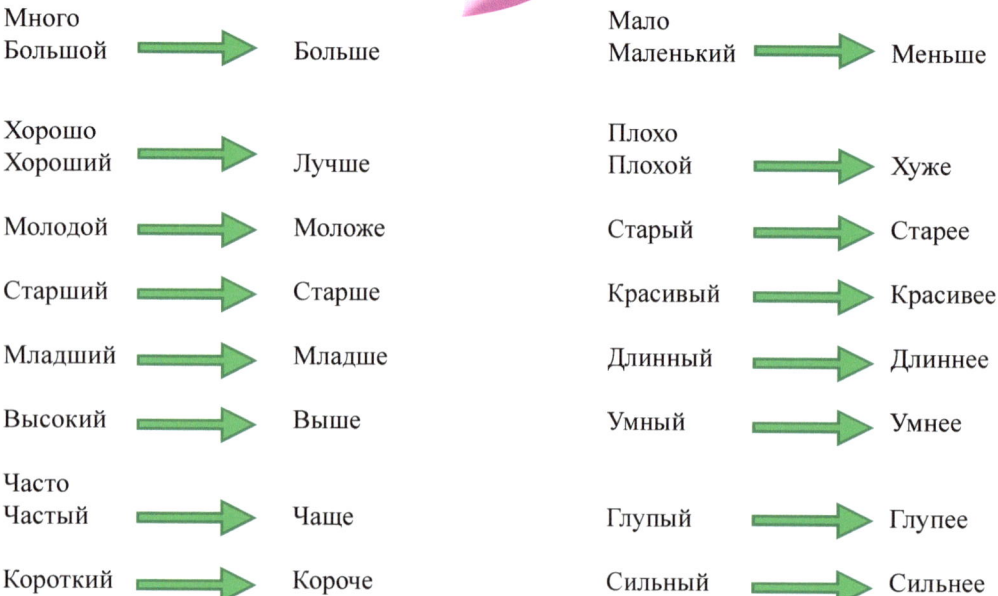

Много Большой	→	Больше	Мало Маленький	→	Меньше
Хорошо Хороший	→	Лучше	Плохо Плохой	→	Хуже
Молодой	→	Моложе	Старый	→	Старее
Старший	→	Старше	Красивый	→	Красивее
Младший	→	Младше	Длинный	→	Длиннее
Высокий	→	Выше	Умный	→	Умнее
Часто Частый	→	Чаще	Глупый	→	Глупее
Короткий	→	Короче	Сильный	→	Сильнее

Задание 1. Ответьте на вопросы:
Россия больше, чем Бельгия?
Москва меньше, чем Брюссель?
Какой город старее? Петербург или Москва?
Кто умнее? Кошка или собака?
Кто выше? Жираф или тигр?
Книга «Война и мир» интереснее, чем фильм?
Смотреть фильм интереснее, чем читать книгу?
Где лучше жить? В деревне или в городе?

> **Старше + род.п.**
> Мой брат старше **меня** на 2 года.
> Антон младше **Татьяны** на 5 лет.
> Эта книга интереснее **фильма**.
> **Или: старше, чем + им.п.**
> Мой брат старше, **чем я** на 2 года.
> Антон младше, **чем Татьяна** на 5 лет.
> Эта книга интереснее, **чем фильм**.
> **Но!**
> **Читать** книгу интереснее, **чем смотреть** фильм.

Задание 2. Делайте диалоги, употребляя слово «лучше»:

- Пойдём в театр!

- Нет, пойдём лучше на дискотеку!

ТЕЛО ЧЕЛОВЕКА

1. Голова
2. Лицо
3. Глаз (глаза)
4. Нос
5. Рот (рты)
6. Ухо (уши)
7. Спина
8. Живот
9. Рука
10. Палец (пальцы)
11. Нога
12. Палец ноги

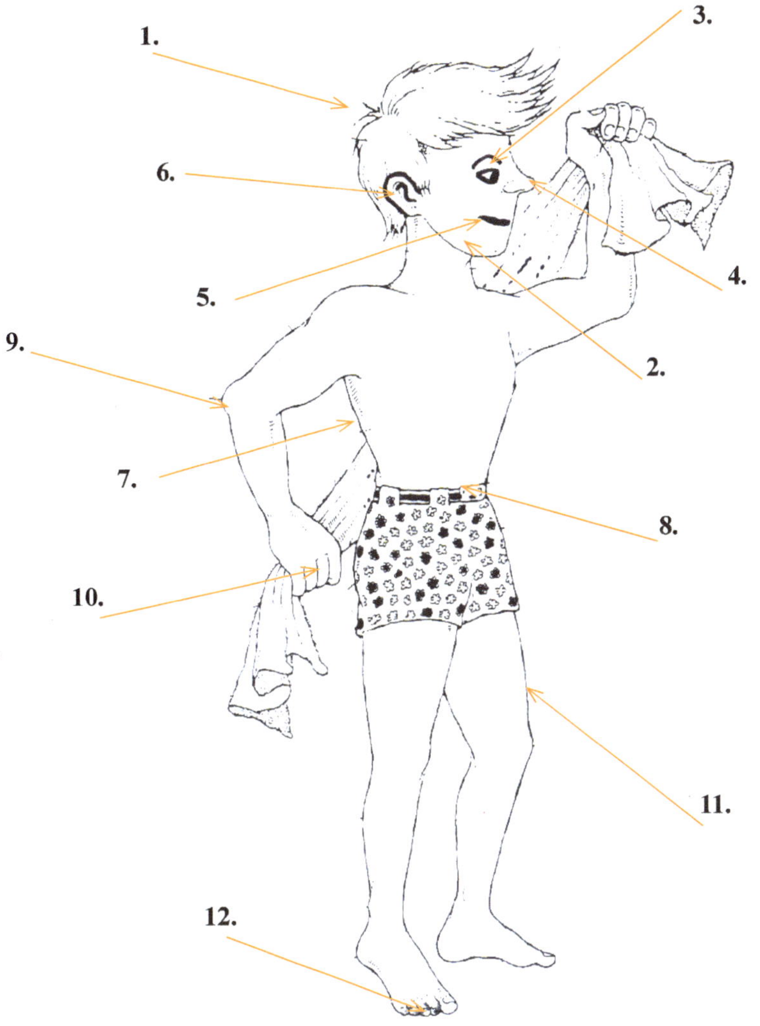

Задание 3. Посмотрите новые слова в словаре:

Рост
Размер одежды/обуви

Быть похожим на ... (кого/что? вин.п.) Сын похож на мать. Дочь похожа на отца.

Быть здоровым, я здоров/здорова, здоровье, здоровый, здравствуй/те!

Болеть/заболеть, я болен/больна, болезнь

Задание 4. Работайте в парах. Спросите соседа о его семье или друзьях. Используйте прилагательные в сравнительной степени со страницы 50:
Модель: У тебя есть брат? Он младше или старше тебя? На кого похож твой брат? Он выше тебя? Он знает больше иностранных языков, чем ты? ......

Ответы:

Задание 5. Ответьте на вопросы.
1. Что значит для Вас «жить хорошо»?
2. Что нужно делать, чтобы жить лучше?
3. Что нужно делать, чтобы быть здоровым?

Задание 6. Здоровый ли образ жизни Вы ведёте?

Тест

Питание

	Всегда	Иногда	Никогда
➤ Вы завтракаете в кафе	☐	☐	☐
➤ Вы обедаете в столовой	☐	☐	☐
➤ Вы ужинаете в ресторане	☐	☐	☐
➤ Вы берёте из дома салат и фрукты на обед	☐	☐	☐
➤ Вы ничего не едите	☐	☐	☐
➤ Когда вы хотите есть, вы едите чипсы, конфеты, шоколад	☐	☐	☐
➤ Вы предпочитаете готовить еду сами, а не покупать полуфабрикаты	☐	☐	☐

Вы пьёте:

	Всегда	Иногда	Никогда
➤ На завтрак шампанское	☐	☐	☐
➤ 3-5 чашек кофе в день	☐	☐	☐
➤ 1-2 литра воды в день	☐	☐	☐
➤ За обедом 1-2 бутылки пива или полбутылки вина	☐	☐	☐
➤ На аперитив алкогольные коктейли	☐	☐	☐
➤ Перед сном коньяк, водку, бренди и т.д.	☐	☐	☐

Спорт

	Всегда	Иногда	Никогда
➤ Вы ездите на работу на велосипеде	☐	☐	☐
➤ Утром перед работой вы бегаете в парке	☐	☐	☐
➤ На работу вы ходите пешком	☐	☐	☐
➤ Когда вы опаздываете, вы бежите, а не берёте такси	☐	☐	☐
➤ Днём вместо обеда вы идёте в спортзал	☐	☐	☐
➤ Выходные дни вы проводите в спортивном центре	☐	☐	☐
➤ Вы ходите в походы от 10 до 25 километров	☐	☐	☐

Отдых

	Всегда	Иногда	Никогда
➤ После работы вы идёте в бар и пьёте пиво и вино	☐	☐	☐
➤ Всю ночь вы на дискотеке	☐	☐	☐
➤ Вы ложитесь спать примерно в 11-12 часов вечера	☐	☐	☐
➤ Перед сном вы читаете книгу до 4-х часов ночи	☐	☐	☐
➤ Весь вечер после работы вы сидите в соцсетях и «чатитесь» с друзьями, которых вы никогда не видели	☐	☐	☐
➤ Вечером вы немного гуляете, медитируете и счастливый/ая ложитесь спать	☐	☐	☐

ИТОГО ....

Если вы набрали,   +12   0   +13
вы ведёте идеальный образ жизни

Если у вас другие цифры, то вам надо подумать, что изменить в своей жизни.
Но не забывайте: у нас у всех есть свои слобости...

Дательный падеж прилагательных

Единственное число

	Именительный падеж	Дательный падеж	
М.р. **Ср.р.**	**Какой? Какое?** Старый друг Молодой профессор Русский журнал Новое здание	**Какому?** Старому другу Молодому профессору Русскому журналу Новому зданию	**-ому**
	Хороший друг Последний пассажир Синий костюм	**После Ж, Ш, Ч, Щ, когда флексия без ударения, и после мягких согласных** Хорошему другу Последнему пассажиру Синему костюму	**-ему**
Ж.р.	**Какая?** Новая подруга Большая квартира	**Какой?** Новой подруге Большой квартире	**-ой**
	Хорошая собака Синяя блузка	**После Ж, Ш, Ч, Щ когда флексия без ударения, и после мягких согласных** Хорошей собаке Синей блузке	**-ей**

Множественное число

М.р. **Ср.р.** **Ж.р.**	**Какие?** Новые студенты Красивые девушки	**Каким?** Новым студентам Красивым девушкам	**-ым**
	Большие окна Последние дома	**После Г, К, Х, Ж, Ш, Щ, Ч и после мягких согласных** Большим окнам Последним домам	**-им**

ЗАПОМНИТЕ!

Звонить/позвонить ⇒ КОМУ?   Звонить/разговаривать по телефону

Задание 7. Прочитайте примеры и подчеркните дательный падеж. Скажите после каких предлогов употребляется дательный падеж: ....

Я позвонила хорошему другу.
Звоните нам теперь по новому телефону.
Татьяна предложила своей хорошей старой подруге поехать вместе отдыхать.
Эта синяя блузка подойдёт к её синим глазам.
К этой трудной проблеме нужно подойти серьёзно.
Вчера мы гуляли по очень красивому городу.
Идите по этой улице и вы придёте к театру.
Этот фильм идёт по российскому каналу телевидения.
Я слышал эту новость по московскому радио.
Как вы думаете, идёт ли человечество по правильному пути?
Анна Ивановна – специалист по окружающей среде.

ЧЕЛОВЕК БУДУЩЕГО

Задание 8. Посмотрите слова в словаре:

Мозг
Кожа
Общаться, общение
Развивать(ся)/развить(ся), развитие
Изменять(ся)/изменить(ся), изменение
Смешивать(ся)/смешать(ся), смешение
Увеличивать(ся)/увеличить(ся), увеличение
Происходить/произойти, происхождение
Влиять/повлиять, влияние
Предполагать/предположить, предположение
Заменять/заменить, замена
Оставаться/остаться
Зависеть, зависимость (Это зависит от + род.п.)
Питать(ся), питание, пища
Окружающая среда

Задание 9. Как вы думаете, каким будет человек в будущем? Попробуйте ответить на вопросы. Аргументируйте ваш ответ:

- Что влияет на изменение человеческого тела?
- Будет ли человек такой же, как сегодня, или его тело изменится?
- Будет ли человек умнее или глупее, будет ли он сильнее или слабее?
- Будет ли человек красивее и здоровее?

Задание 10. Прочитайте текст:

Вот, что думают учёные мира, каким будет человеческое тело в будущем.

Есть много теорий, которые предполагают, что в будущем человеческое тело изменится. Миллион лет назад на земле среди людей выживали физически самые сильные. По теории Дарвина, происходил естественный отбор. Окружающая среда влияла на формирование человеческого тела. Вероятно, наши тела будут развиваться и дальше. Человек может продолжать адаптироваться к изменениям на нашей планете, к развивающимся новым технологиям.

Смешение рас
Глобализация, иммиграция, развитие современных транспортных средств и коммуникаций приводит к тому, что всё меньше людей остаются изолированными от других. Происходит смешение рас между людьми из разных уголков нашей планеты. Люди будущего будут больше похожи друг на друга. Цвет кожи станет темнее.

Голова
С развитием технологий человек всё больше будет зависеть от интеллекта и мозга и всё меньше от других органов. Значит, его мозг будет увеличиваться.
Однако, до сих пор учёные не знают, будет ли голова человека больше или меньше в будущем.

Рост
Идёт постоянная тенденция к увеличению роста. Только за последние 150 лет человек стал в среднем выше на 10 сантиметров. Считается, что через тысячи лет, благодаря улучшению питания и прогрессу в медицине, рост человека будет 180-210 сантиметров. У первобытных людей рост был 160 сантиметров.

Руки и ноги
Руки и пальцы на руках станут длиннее из-за постоянного использования клавиатур и сенсорных экранов.
Ноги станут короче и слабее, так как человек будет больше сидеть перед компьютером. Сильные и длинные ноги будут не нужны.

Зубы
В связи с изменениями в питании, зубов у человека станет меньше, а также уменьшится их размер. Человек будет есть мягкую пищу, поэтому зубы ему будут не нужны.

Физическая слабость
Благодаря комфортабельному транспорту человеку нужно будет меньше ходить. Там, где нужна физическая сила, человека заменят машины и роботы. Человек уже стал намного слабее своих предков.

Память и интеллект
Будут ли у человека будущего интеллектуальные способности выше, чем сейчас? Учёные сомневаются. Из-за зависимости от интернета, наша память становится слабее. Интернет заменяет способность нашего мозга запоминать информацию, так как мы можем легко найти её в сети интернета. Некоторые учёные считают, что интернет делает людей глупее.

⭕ **Р41. Задание 11. Слушайте и закончите фразы:**
1. Учёные предполагают, ...
2. На формирование человека ....
3. В будущем человек будет продолжать ....
4. В мире, где идёт глобализация, иммиграция, развитие коммуникаций, ...
....
5. В настоящее время идёт ....
6. Люди будущего будут ....
7. Через тысячи лет, благодаря улучшению ....
8. Руки и пальцы на руках станут длиннее, из-за постоянного ....
....
9. Зубов у человека станет меньше, в связи с ....
10. Из-за развития комфортабельного транспорта и роботов, ...
....
11. Человеческая память будет слабее, в связи с ....
12. Может быть человек ....

Задание 12. Прослушайте интервью. Что думают эти люди?

⭕ **Р42. Денис** .... ⭕ **Р43. Светлана** ....
....
....

Задание 13. С чем вы согласны и с чем не согласны? Работайте в группах (на базе заданий 10, 11, 12). Аргументируйте ваш ответ: Я думаю, что... Я считаю, что... Мне кажется ... Я не согласен с .... Вы правы ...

1. ....
2. ....
3. ....
4. ....
5. ....
6. ....

УПРАЖНЕНИЯ

А. Сделайте сравнительную степень:

Молодой	Старый	Большой ....
Старший	Младший	Красивый ....
Длинный	Маленький	Умный ....
Глупый	Высокий	Интересный ....
Хороший	Плохой	Частый ....
Короткий.................	Сильный................	Слабый....................
Много.......................	Мало...................	Хорошо....................
Плохо.......................	Часто...................	Редко.......................

Б. Поставьте вместо точек слова в сравнительной степени. Выберите слова из упражнения А:

1. После пластической операции она стала выглядеть ....
2. Руки обезьяны ...., чем руки человека.
3. Когда человек старый, он видит .... и должен носить очки.
4. После болезни он выглядит ....
5. Объём мозга человека в будущем будет ....
6. Человек будет .... и ...., чем сейчас? Этого мы не знаем.
7. В будущем уши человека станут ...., потому что будет много шума.
8. Количество зубов у человека в будущем будет .... Может быть, у него будет только один зуб.
9. После отпуска на море она стала выглядеть ....
10. В 2050 году рост человека будет ....
11. Через 20 лет количество людей на нашей планете будет гораздо .... , чем сейчас.
12. В будущем человек станет физически .... , так как на физических работах будут работать роботы.
13. Человек будет много времени проводить за компьютером и мало ходить, поэтому его ноги станут ....
14. В будущем человеческая память будет плохая. Человек будет .... смотреть информацию в интернете.
15. Человек будет .... брать книги в библиотеке, так как он будет читать электронные книги.

В. Вставьте слова в правильной форме:

| Мой домашний телефон | Окружающая среда | Книжный магазин |
| Ночная Москва | Моя лучшая подруга | Электронная почта | Его серый костюм |

1. Я сообщу тебе информацию ....
2. .... подойдёт красная рубашка.
3. Мы хотим гулять ....
4. Позвоните мне ....
5. Я иду .... Жди меня у входа!
6. Завтра я еду на конференцию ....
7. .... будет 40 лет.

Г. Напишите соответствующие слова:

Раньше	Сейчас	Потом
....	....	Будущее

Д. Напишите существительные:

Влиять	Изменять	Развивать	Увеличивать ....
Предполагать	Заменять	Питать	Общаться ....

Е. Найдите в тексте или напишите сами фразы со словами:

1. **Из-за** (чего/кого – род.п.) ....
2. **Благодаря** (чему/кому – дат.п.) ....
3. **В связи с** (чем/кем – творит.п.) ....

УРОК № 9 — ДЕВЯТЫЙ УРОК

ПОВТОРЕНИЕ

Задание 1. Пишите вопросы и отвечайте. Работайте в парах:
Модель: Герда ездила в Германию.
- Куда она ездила? – В Германию. – Откуда она приехала? – Из Германии.
1. Анна была в библиотеке. -……………........? - …………………. . - …………………? - ………………………..
2. Виктор ходил на стадион. -……………........? - …………………. . - …………………? - ………………………..
3. Они ездили в Италию. -……………........? - …………………. . - …………………? - ………………………..
4. Иван ходил в поликлинику. -……………........? - …………………. . - …………………? - ………………………..
5. Летом мы летали на юг на море. -……………........? - …………………. . - …………………? - ………………………..

Задание 2. Дополните фразы. Используйте глаголы «пойти/прийти/уйти». Вы звоните другу/подруге. Работайте в парах:

- Добрый день! Позовите, пожалуйста, Ирину.
- Её сейчас нет. Она ………..
- А когда она ……………..?
- Я думаю в 7 часов.
- Спасибо, я позвоню позже.

- Добрый вечер! Позовите, пожалуйста Антона.
- Его сейчас нет. Он …………..
- А куда он ………………..?
- Я думаю ………………….
- Спасибо, я …………………

Задание 3. Пишите правильную форму:
    Антон
Где ты будешь в воскресенье? ………………………?
- Да, я пойду ……………… Мы пойдём ……………….. в кино.

Задание 4. Пишите вопросы и отвечайте. Используйте творительный падеж:
1. …………. вы любите заниматься? ………………………………………
2. …………. вы работаете? ……………………………………
3. …………. вы станете, когда кончите учиться? ………………………………
4. …………. вы мечтали стать в детстве? ……………………………
5. …………. вы любите ездить отдыхать? …………………………………
6. …………. вы любите пить чай? ……………………………………
7. Завтра Татьяна идёт в кино. Вы пойдёте ………………?
8. Мы едем на дачу. Хотите поехать ………………?
9. Завтра они едут на экскурсию. Хотите поехать ………………?

Задание 5. Пишите правильный глагол:
1. Обычно я ……….….. на работу пешком. Но сегодня я ……….….. на метро.
2. Обычно я ……….….. на работу в 9 часов. Но сегодня я ……….….. в 10 часов.
3. Обычно я ……….….. с работы в 6 часов. Но сегодня я ……….….. в 8 часов.
4. Сегодня, когда я ……….….. на работу, я встретила подругу.
5. Вчера я ……….….. в поликлинику, а завтра я ……….….. в библиотеку.
6. Вчера ко мне ……….….. моя подруга. Она будет у меня 3 дня. Через 3 дня она ……….….. домой в Петербург.

Задание 6. Поставьте в правильной форме (comparatif):
1. Эта книга интересная, а та ………………..
2. Это мой старший брат. Он …………….. меня на 3 года.
3. Москва ……………….., чем Петербург.
4. После операции дедушка стал видеть ……………… .
5. После болезни он стал чувствовать себя ………………
6. У меня очень умная кошка. Она …………….., чем собака соседей.

Задание 7. Напишите правильный ответ:
У Татьяны есть муж. Она ……………….. У Виктора есть жена. Он ……………… Они ……………

Задание 8. Напишите антонимы:

Сильный .... Умный .... Бедный ....
Холодный .... Платный .... Далёкий ....
Цивилизованный .... Весёлый .... Древний ....
Взрослый .... Старший .... Закат ....
Запрещать .... Умереть .... Будущее ....
Можно .... Часто .... Дёшево ....
Прийти вовремя ....

Задание 9. Найдите правильный ответ:

1	Какое сегодня число?	А. Первый январь Б. Первое января В. Один январь
2.	Когда родился Н.М. Карамзин?	А. В первом декабре Б. Первое декабря В. Первого декабря
3.	Когда вы были в России?	А. На прошлый год Б. На прошлом году В. В прошлом году
4.	Южный полюс начали изучать	А. В двадцатом веке Б. В двадцатый век В. На двадцатом веке
5.	Когда мы увидимся?	А. Будущая неделя Б. На будущей неделе В. В будущей неделе

Задание 10. Заполните пропуски нужными словами в правильной форме:

удобно	год	благодаря	разный	встречать/ся	несмотря на	бесплатно	познакомить/ся	до сих пор

Мы знаем друг друга уже 10 .... Мы .... в Москве, когда изучали русский язык.
Мы не можем .... часто, потому что мы живём в .... странах. Но .... это, мы .... дружим. Мы разговариваем по Скайпу. Это очень .... и .... современным технологиям, мы остаёмся друзьями.

Задание 11. Заполните пропуски нужными словами в правильной форме:

1. – У меня большая проблема. .... мне, что делать! 2. – Ты идёшь к Николаю? .... ему привет от меня! 3. –Ты звонишь Ирине? - .... ей, что я приду к ней завтра вечером. 4. У Ивана Петровича завтра юбилей. Что мы ему ....? 5. ....? Ему 50 лет.

Задание 12. Замените подчеркнутые слова подходящими по смыслу. Если надо поменяйте структуру фраз.

1. Александр **основал** свою фирму пять лет назад. ....
2. С **ранних лет** он начал интересоваться музыкой. ....
3. Виктор занимается **коммерцией**. ....
4. В девятнадцать лет он **отправился** в Москву, чтобы **поступить** в университет. ....
....
5. Это решение навсегда **сделало другой** его жизнь. ....
6. Иван свободно **владеет** двумя иностранными языками. ....
7. Сейчас каждый ребёнок умеет **играть** на компьютере. ....
8. Мой брат любит **собирать** миниатюрные машины. ....
9. В музее имени А.С.Пушкина есть **полотна** французских импрессионистов.
10. В этой библиотеке есть большое собрание произведений **зарубежных** писателей.

Задание 13. Составьте фразы со словами: *благодаря, из-за, несмотря на, в связи с, поэтому, для, чтобы*

1. .... 5. ....
2. .... 6. ....
3. .... 7. ....
4. ....

ПРИЛОЖЕНИЯ

Приложение к уроку 7. Задание 7.

Гречневая каша

Винегрет

Салат Оливье

Соленые огурцы

Соленые помидоры

Пирожок
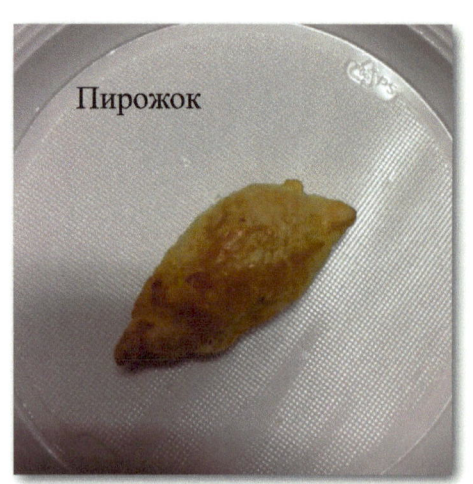

Пельмени

Хлеб

Овощи

Блины

Сыр
Колбаса

Торт

Конфеты

Цикорий

Чай

Яблоко

Виноград

Пиво

Водка

Квас

ТЕКСТЫ ДЛЯ ПРОСЛУШИВАНИЯ

УРОК 1

Р7. Задание 13.

Это Рауль Торредо. Он испанец. Он приехал в Москву из Мадрида. Он изучает русский язык, потому что он часто бывает в России. Он коммерсант и экспортирует в Россию женские костюмы из Испании, Италии и Франции. Рауль женат. Его жену зовут Софи. Она француженка. По профессии она дизайнер и работает у Кристиана Диора. Они познакомились, когда путешествовали в Латинской Америке. У них два сына: Александр и Максим. Они студенты. Летом вся семья хочет поехать путешествовать в Сибирь на озеро Байкал.

УРОК 4

Р31. Задание 9. Слушайте текст и пишите пропущенные слова:

Всё началось так.
Моя дочь, которую я **пригласил** провести отпуск в Москве, сказала мне, что не хочет **ехать** первый раз в Москву **летом**, потому что она всегда думала о Москве, как о **зимнем** городе, где много **снега**, как в песне Жильбера Беко.
Тогда, чтобы не **оставаться** всё время в **летней** без снега Москве, мы решили **уехать** из жаркого города и **поехать** в круиз по Волге. Такой круиз – это как возвращение в эпоху СССР. Он **начинается** с Речного вокзала, значит со сталинской архитектуры. Наш теплоход был построен в 70-е годы. Как обычно в России, теплоход **отплывает** под музыку, но не под музыку современной группы, а под музыку известной военной песни «Прощание славянки».
Целью нашего круиза были города Углич и Мышкин. Мы **плыли** полдня и ночь. У нас было много времени, чтобы **отдохнуть** и **познакомиться** с русскими людьми. Мы поняли, что на борту этого теплохода только мы – **иностранцы**.
В первый и последний дни, когда теплоход **плыл**, мы веселились с русскими **пассажирами**: пели русские народные песни, смотрели старые советские фильмы, **танцевали** на палубе. И, конечно, говорили много **тостов**, пили водку, закусывая салями и очень вкусными огурцами и помидорами с дачи.
Первая **остановка** была в Угличе. Это прекрасный город. Когда мы **приплыли туда**, джаз банда играла на берегу, чтобы приветствовать нас. Мы **прошли** по парку, где продавали сувениры. Это не так, как в центре Москвы: цены **недорогие** и можно купить **настоящие** кустарные изделия. И мы решили в Угличе купить подарки для **друзей**, которые предпочли **отдыхать** на перенаселённых **берегах** Западной Европы.
Вторая остановка – Мышкин. Назвали этот город так, потому что несколько веков назад мышь спасла **жизнь** рыцаря. Поэтому туристов приветствуют маленьким спектаклем, в котором **танцуют** большие мыши.
В этот день был **праздник** города. В Западной Европе на таком празднике любители танцуют народные танцы под музыку гармониста. В этом городе сорок молодых балерин танцевали «Лебединое озеро» Чайковского на большой сцене.
И вот теплоход **плывёт** обратно в Москву. Когда утомлённое солнце **заходит**, туристы с командой **начинают** танцевать танго. Ночь светла на Волге и можно видеть **берега**. **Начинается** рассвет и утро туманное освещает Волгу. С этого начинается родина...

Р32 – Р35. Задание 11. Слушайте. Куда любят ездить отдыхать русские?
Р32 Татьяна

Я люблю ездить в Турцию.
Страна хорошая и цивилизованная. Можно отдохнуть недорого, сейчас в России поехать на Чёрное море стоит дороже. Люди внимательные, необычная архитектура. И к тому же есть, что посмотреть. В Анталии прекрасные клубные отели. Приезжают люди из разных стран: англичане, бельгийцы, немцы, русские, немного швейцарцев и других европейцев. Весь день анимация для взрослых и детей. Много бассейнов, отличные пляжи. Море тёплое. Можно целый день купаться. На пляж ходят в основном россияне, потому что европейцы предпочитают сидеть весь день у бассейна. Одна бельгийская бабушка даже была недовольна, что на пляже одни русские. Еда – супер! Большой выбор блюд и неплохое турецкое вино и импортный алкоголь... И главное, есть клуб для детей и детская столовая со специальной едой для детей. Покупаешь в турагентстве пакет услуг и авиабилет и больше ни о чём не думаешь, спокойно отдыхаешь. Как говорят, «пакетный турист». Всё оплачено!

Р33 Игорь

Да что вы, ребята, ездить как «пакетный турист»? Пляжи, анимация у бассейна, аэробика, шведский стол, экскурсия.... И вспомнить нечего! Это отдых для стариков. Лучше посмотреть мир. Если есть возможность, езжайте на Сейшельские острова или в Танзанию на сафари! Я в прошлом году ездил. Экзотика! Посмотрите джунгли, диких животных - слонов, обезьян, леопардов... Никогда не забуду, как слоны бежали за нашим джипом...! Страшно было! Ну, если не хотите ехать в Африку, то можно поехать в Америку или в Азию... Дёшево и прекрасно отдохнёте!.

Р34 Александра

Дёшево? С таким курсом доллара и евро далеко не уедешь... Это только для миллионеров! Лучше отдыхать в России – в Сибири, на озере Байкал! Нереальная красота природы. Там всё необыкновенное: туманные берега и горы, озёра с рыбой, тайга с медведями, а какие красивые закаты и, самое главное, никакой цивилизации! Плыть на маленьком теплоходе, стоять на палубе и любоваться этой красотой – это фантастика! Я думаюм на нашей земле осталось очень мало мест, где еще нет цивилизации. Там всё так натурально: и дома, и еда, и люди, и природа!

Р35 Владимир

А я Азию люблю – много фруктов, море, есть что посмотреть и люди очень приятные, внимательные.
Я ездил в Таиланд. Это - рай на земле! Я ездил на три недели и потратил очень мало денег – всего 500 евро и плюс билет на самолёт. Я летел из Москвы. Просто купил билет туда и обратно и жил в дешёвых гостиницах. А иногда жил в храмах – это бесплатно. Я объездил всю страну. Почти каждый день ездил в новый город. Вещей у меня было минимум – один рюкзак. Там всегда тепло! Мне очень понравилось.
Буду ездить туда каждый год!!!

УРОК 5

Р36. Задание 13. Смотрите на картинку на странице 23. Вы находитесь на « Старте ». Слушайте направления и следуйте указаниям. Куда Вы пришли ?

Вы на «Старте». Перейдите Ленинградский проспект и идите направо мимо гостиницы. Поверните налево. Идите мимо спортзала до площади. Идите вверх по улице до кинотеатра. Перейдите дорогу и идите налево мимо музея до метро. Поверните направо и потом еще раз направо.
Место, куда вы идёте, находится напротив музея. Куда вы пришли? ....

УРОК 6

Р37 – Р38. Задание 11. Слушайте тексты и заполняйте пробелы.
Р37. Музей изобразительных искусств им. А.С. Пушкина

Датой основания Музея изобразительных искусств имени А.С. Пушкина считается 17 августа 1898 года. Организации музея посвятил многие годы труда его создатель - профессор Московского университета Иван Владимирович Цветаев (1848-1913), а также группа московских и петербургских учёных. Сначала новый музей был основан как университетский учебный центр. Через 14 лет, в марте 1912 года было открытие музея. Коллекция состоит из подлинных произведений искусства. Это и коллекция древнеегипетских памятников (6000 предметов), которую собрал во время путешествий по Египту петербургский востоковед В.С. Голенищев, и произведения итальянских художников XII-XIV веков.
В музее имеются работы зарубежных художников из собраний русских коллекционеров. Это картины нидерландских и немецких мастеров, фламандских и испанских живописцев XVII века, итальянских художников XIII-XVII веков, французских авторов XIX века, а также работы европейских мастеров - Боттичелли, Рембрандта, ван Дейка, Рубенса, Пуссена и других.
В 1937 году музей получил имя великого русского поэта Александра Сергеевича Пушкина.
В 1948 году в коллекцию музея вошли произведения французских художников конца XIX - начала XX века. Это были картины Мане, Ренуара, Дега, Писсарро, Сислея, Сезанна, Ван Гога, Гогена, Матисса, Пикассо и других. В рамках картинной галереи сформировалась и значительная коллекция подлинной западноевропейской скульптуры.
В настоящее время собрание Государственного музея им. А.С. Пушкина насчитывает более, чем 670 тысяч произведений живописи и скульптуры, графических работ, произведений прикладного искусства, памятников археологии и нумизматики, художественной фотографии.

Р38. Эрмитаж

Государственный музей Эрмитаж в Санкт-Петербурге – один из крупнейших художественных и культурно-исторических музеев мира.
Музей занимает 5 зданий на Дворцовой набережной Невы.
Коллекции Эрмитажа формировались на протяжении длительного времени.
Датой основания музея является 1764 год, когда императрица Екатерина II приобрела первую крупную коллекцию - 225 картин – у берлинского коллекционера. Собрание, куда входили полотна фламандских, голландских и итальянских художников XVII века, положили основание будущего Императорского Эрмитажа.
В XVIII веке благодаря Екатерине II в России появился интерес к коллекционированию.
В дальнейшем для дворца покупались за границей частные коллекции: графа Брюля (Дрезден, 1769 г.), банкира Кроза (Париж, 1772 г.), лорда Уолполя (Лондон, 1779 г.), императрицы Жозефины (Париж, 1814 г.) и многих других коллекционеров.
На сегодняшний день коллекция музея насчитывает примерно 3 миллиона произведений искусства и памятников мировой культуры, начиная с каменного века и до нашего столетия. Это живопись, графика, скульптура и предметы прикладного искусства, археологические находки и нумизматический материал.
Из них почти 65 тысяч представлено в экспозиции музея.
В Эрмитаже шесть отделов: первобытной культуры, культуры и искусства античного мира, культуры и искусства народов Востока, русской культуры, западноевропейского искусства и нумизматики. Экспонаты занимают 400 залов.

Р39. Упражнение Г. Слушайте и пишите цифрами годы.
1/ **2017**   2/ **1752**   3/ **598**   4/ **3721**   5/ **2167**   6/ **1903**   7/ **862**
8/ **1613**   9/ **1918**   10/ **1861**   11/ **2020**   12/ **1953**   13/ **6792**   14/ **5386**

УРОК 7

Р40. Задание 16. Слушайте диалог
     Задание 17. Пишите пропущенные слова. Прочитайте диалог. Подчеркните творительный падеж.

Татьяна: - Привет, Коля!
Коля: - Привет!
Татьяна: - Я слышала, что ты ищешь работу. Это правда?
Коля: - Да, я сейчас ищу новую работу.
Татьяна: - А в чём дело? Ты недоволен своей работой?
Коля: - Я уже десять лет работаю в школе учителем математики. Ты знаешь, дети стали такими трудными. Я устал и хочу найти другую работу. Например, в фирме.
Татьяна: - Какое у тебя образование?
Коля: - Я экономист. Я закончил экономический факультет московского университета.
Татьяна: - А чем ты теперь хочешь заниматься?
Коля: - Я хочу работать экономистом в фирме и заниматься международными проектами.
Татьяна: - Ты владеешь иностранными языками?
Коля: - Да, я свободно говорю по-английски и я начал изучать китайский язык. Сейчас открываются большие перспективы для работы с Китаем.
Татьяна: - И ты умеешь пользоваться компьютером?
Коля: - Конечно! Кто сейчас не умеет пользоваться компьютером? Даже бабушки пишут друг другу электронную почту и ищут информацию в интернете.
Татьяна: - Какая у тебя зарплата?
Коля: - Ты знаешь, что в школе зарплата небольшая. На такую зарплату жить трудно. А у меня большая семья – три сына. Поэтому я хочу найти интересную работу с хорошей зарплатой.
Татьяна: - У меня есть друг Александр. Он открыл свою компьютерную фирму. Им нужен хороший экономист с прекрасным знанием английского языка. И сейчас у них есть проект работы с Китаем. Может быть тебе это будет интересно? Я дам тебе его телефон. Позвони ему!
Коля: - Хорошо, спасибо. Я потом тебе расскажу о нашем разговоре. Пока!
Татьяна: - Пока! Успехов!

УРОК 8

P41. Задание 11. Слушайте и закончите фразы:

1. Учёные предполагают, (что в будущем человеческое тело изменится).
2. На формирование человека (всегда влияла окружающая среда).
3. В будущем человек будет продолжать (адаптироваться к изменениям на нашей планете).
4. В мире, где идёт глобализация, иммиграция, развитие коммуникаций, (люди больше не могут жить изолированно).
5. В настоящее время идёт (смешение рас).
6. Люди будущего будут (больше похожи друг на друга).
7. Через тысячи лет, благодаря улучшению (питания и прогрессу в медицине, человек станет гораздо выше).
8. Руки и пальцы на руках станут длиннее, из-за постоянного (использования клавиатур и сенсорных экранов).
9. Зубов у человека станет меньше, в связи с (изменениями в питании).
10. Из-за развития комфортабельного транспорта и роботов, (человек будет меньше ходить и станет физически слабее).
11. Человеческая память будет слабее, в связи с (развитием интернета)
12. Может быть, человек (станет глупее, потому что машины и роботы заменят его на рабочих местах).

P42 –P43. Задание 12. Прослушайте интервью. Что думают эти люди?
P42. Денис

Я думаю, что человек в будущем не будет уметь общаться. Например, когда я в ресторане с семьёй, я очень часто вижу людей рядом со мной, которые не общаются. И у детей и у родителей, у каждого есть свой айфон. За ужином дети играют в игры. Родители сидят в социальных сетях: на фейсбуке или других. Они ставят глупые фотографии и делают глупые комментарии. Мы живём один раз! А они теряют своё время на глупые вещи. Поэтому я запрещаю старшей дочери пользоваться телефоном. Ей семь лет. Она уже попросила нас купить ей телефон, но я не согласен.

P43. Светлана

Я думаю, что будут изменения. Я смотрю на своих детей. Они всё время проводят за компьютером. Я им говорю, что они не видят настоящей жизни. А они мне говорят, что настоящая жизнь не интересная. Они слишком коннектированы, но в то же время не живут реальной жизнью.
Сейчас люди хотят не работать, а играть. Люди, которые всё время проводят за компьютером, не хотят ни жён, ни мужей, ни детей.
К чему мы придём в будущем? Сейчас мы строим роботы. Потом роботы будут строить роботов. И лет через 500 людей не будет. Они не будут нужны. Природа тоже не будет нужна, так как роботам не надо ни есть, ни пить. Они будут питаться солнечной энергией.

ТАБЛИЦЫ

ПАДЕЖИ: СУЩЕСТВИТЕЛЬНЫЕ

Падеж	Единственное число			Множественное число
	Мужской	Средний	Женский	М., Ср., Ж.,
Им.п. Кто? Что?	дом музей портфель ∅/й/ь	море письмо о/е	блузка семья площадь а/я/ь	фильмы книги письма/моря ы/и/а/я
Род.п. Кого? Чего?	Профессора портфеля а/я	письма моря а/я	газеты семьи площади ы/и	фильмов/музеев книг писателей/морей/фотографий ов/ев/∅/ей/ий
Дат.п. Кому? Чему?	журналу преподавателю у/ю	письму морю у/ю	блузке семье площади е/и	студентам/актрисам морям/площадям ам/ям
Вин.п. Кого? Что?	друга преподавателя Кого? = **Род.** журнал Что? = **Им.**	море письмо Что? = **Им.**	блузку семью площадь у/ю/ь	студентов/актрис Кого? = **Род.** журналы/книги/письма Что? = **Им.**
Твор.п. Кем? Чем?	другом преподавателем ом/ем	письмом морем ом/ем	блузкой семьёй площадью ой/ей/ью	студентами зданиями актрисами ами/ями
Предл.п. Ком? Чём?	друге санатории е/и (исключения:у/ю)	море здании е/и	Блузке семье площади е/и	студентах/актрисах зданиях ах/ях

ПАДЕЖИ: ПРИЛАГАТЕЛЬНЫЕ

	Единственное число						Множественное число	
	Мужской и средний род			Женский род			Мужской, средний, женский род	
Им.п.	**Какой?** Красивый Большой Хоро**ш**ий Синий	-ый -ой -ий		**Какая?** Красивая Большая Хорошая Синяя	-ая -яя		**Какие?** Красивые Большие Хорошие Синие	-ые -ие
	Какое? Большое Хоро**ш**ее	-ое -ее						
Род.п.	**Какого?** Красивого Большого Хоро**ш**его Синего	-ого -его		**Какой?** Красивой Большой Хоро**ш**ей Синей	-ой -ей		**Каких?** Красивых Больших Хороших Синих	-ых -их
Дат.п.	**Какому?** Красивому Большому Хоро**ш**ему Синему	-ому -ему		**Какой?** Красивой Большой Хоро**ш**ей Синей	-ой -ей		**Каким?** Красивым Большим Хорошим Синим	-ым -им
Вин.п.	**Какого?** (друга) **Какой?** (фильм) **Какое?** (письмо)	=Род.п =Им.п. =Им.п.		**Какую?** Красивую Большую Хорошую Синюю	-ую -юю		**Каких?** (друзей/подруг) **Какие?** (фильмы/письма/книги)	=Род.п. =Им.п.
Твор.п.	**Каким?** Красивым Большим Хорошим Синим	-ым -им		**Какой?** Красивой Большой Хоро**ш**ей Синей	-ой -ей		**Какими?** Красивыми Большими Хорошими Синими	-ыми -ими
Предл.п.	**(в/на/о) Каком?** Красивом Большом Хоро**ш**ем Синем	-ом -ем		**(в/на/о) Какой?** Красивой Большой Хоро**ш**ей Синей	-ой -ей		**(в/на/о) Каких?** Красивых Больших Хороших Синих	-ых -их

ПАДЕЖИ: СУЩЕСТВИТЕЛЬНЫЕ И ПРИЛАГАТЕЛЬНЫЕ

Падеж	Единственное число			Множественное число
	Мужской	**Средний**	**Женский**	**М., Ср., Ж.,**
Им.п. Кто? Что?	Красивый дом Большой музей Хороший портфель **Прил:** ый/ой/ий **Существ:** ∅/й/ь	Большое море Хорошее письмо **Прил:** ое/ее **Существ:** о/е	Синяя блузка Большая семья Красивая площадь **Прил:** ая/яя **Существ:** а/я/ь	Интересные фильмы Русские книги Большие письма/моря **Прил:** ые/ие **Существ:** ы/и/а/я
Род.п. Кого? Чего?	Молодого профессора Хорошего портфеля **Прил:** ого/его **Существ:** а/я	Большого моря Хорошего письма **Прил:** ого/его **Существ:** а/я	Интересной газеты Хорошей семьи Красивой площади **Прил:** ой/ей **Существ:** ы/и	Интересных фильмов/музеев Русских книг Хороших писателей/морей/фотографий **Прил:** ых/их **Существ:** ов/ев/∅/ей/ий
Дат.п. Кому? Чему?	Хорошему преподавателю Интересному журналу **Прил:** ому/ему **Существ:** у/ю	Большому морю Хорошему письму **Прил:** ому/ему **Существ:** у/ю	Синей блузке Большой площади **Прил:** ой/ей **Существ:** е/и	Новым студентам/актрисам Большим морям/площадям **Прил:** ым/им **Существ:** ам/ям
Вин.п. Кого? Что?	Старого друга Хорошего преподавателя **Кого? = Род.** Интересный журнал **Что? = Им.**	Большое море Хорошее письмо **Что? = Им.**	Синюю блузку Большую семью Красивую площадь **Прил:** ую/юю **Существ:** у/ю/ь	Новых студентов/актрис **Кого? = Род.** Интересные журналы/книги/письма **Что? = Им.**
Твор.п. Кем? Чем?	Старым другом Хорошим преподавателем **Прил:** ым/им **Существ:** ом/ем	Большим морем Длинным письмом **Прил:** ым/им **Существ:** ом/ем	Синей блузкой Большой семьёй Красивой площадью **Прил:** ой/ей **Существ:** ой/ей/ью	Новыми студентами Большими зданиями Известными актрисами **Прил:** ыми/ими **Существ:** ами/ями
Предл.п. Ком? Чём?	Старом друге Хорошем санатории **Прил:** ом/ем **Существ:** е/и (исключения:у/ю)	Тёплом море Хорошем здании **Прил:** ом/ем **Существ:** е/и	Синей блузке Красивой площади **Прил:** ой/ей **Существ:** е/и	Новых студентах/актрисах Больших зданиях **Прил:** ых/их **Существ:** ах/ях

Личные местоимения

Именительный падеж	Родительный падеж	Дательный падеж	Винительный падеж	Творительный падеж	Предложный падеж
Я	меня	мне	меня	мной	Во/на/обо мне
Ты	тебя	тебе	тебя	тобой	В/на/о тебе
Он/оно	(н)его	(н)ему	его	им	В/на/о нём
Она	(н)её	(н)ей	её	ею/ей	В/на/о ней
Мы	нас	нам	нас	нами	В/на /о нас
Вы	вас	вам	вас	вами	В/на/о вас
Они	(н)их	(н)им	их	(н)ими	В/на/о них

Притяжательные местоимения *мой, твой* ... и вопрос *чей? чья? чьё? чьи?*

	Единственное число				Множественное число	
	Мужской и средний род		Женский род		Мужской, средний, женский род	
Им.п.	Чей? Мой/твой наш/ваш Чьё? Моё/твоё наше/ваше Его Их		Чья? Моя/твоя наша/ваша Её Их		Чьи? Мои/твои наши/ваши Его Её Их	
Род.п.	Чьего? Моего/твоего нашего/вашего Его Их	-его	Чьей? Моей/твоей нашей/вашей Её Их	-ей	Чьих? Моих/твоих Наших/ваших Его Её Их	- их
Дат.п.	Чьему? Моему/твоему нашему/вашему Его Их	-ему	Чьей? Моей/твоей нашей/вашей Её Их	-ей	Чьим? Моим/твоим Нашим/вашим Его Её Их	- им
Вин.п.	Чьего? (друга) Моего/твоего нашего/вашего Чей? (документ) Мой/твой наш/ваш Чьё? (письмо) Моё/твоё наше/ваше Его Их	=Род.п. =Им.п. =Им.п.	Чью? Мою/твою нашу/вашу Её Их	-ю/у	Чьих? (друзей/подруг) Моих/твоих Наших/ваших Чьи? (документы/письма) Мои/твои Наши/ваши Его Её Их	=Род.п. =Им.п.
Тв.п.	Чьим? Моим/твоим нашим/вашим Его Их	-им	Чьей? Моей/твоей нашей/вашей Её Их	-ей	Чьими? Моими/твоими Нашими/вашими Его Её Их	-ими
П.п.	В/на/о чьём? Моём/твоём нашем/вашем Его Их	ём/ем	В/на/о чьей? Моей/твоей нашей/вашей Её Их	-ей	В/на/о чьих? Моих/твоих Наших/ваших Его Её Их	-их

ПРЕДЛОГИ С ПАДЕЖАМИ

	Вопрос	Падеж	Пример
В	Где?	Предложный	Я живу в Москве.
	Когда?	Винительный	Я отдыхаю в субботу. Фильм начинается в 18:00 часов.
	Куда?		Я еду в Россию.
На	Куда?	Винительный	Я иду на работу.
	Где? Как? (На чём?)	Предложный	Мы были на Кубе. Мы едем на автобусе.
О	О ком? О чём?	Предложный	Марина думает о дочери. Антон читает статью об экономике.
У	У кого?	Родительный	У Ирины есть собака.
Для	Для кого/чего?	Родительный	Этот подарок для Татьяны. Для пиццы нужны помидоры.
Из	Откуда?	Родительный	Виктор приехал из Москвы.
За	Куда?	Винительный	Идите за дом.
	Где?	Творительный	Магазин находится за домом.
	Чем? Кем?		Я иду в магазин за хлебом. Я иду в школу за ребёнком.
Из-за	Кого? Чего?	Родительный	Из-за тебя я не посмотрел фильм. Из-за дождя мы не пошли гулять.
	Откуда?		Из-за дома вышел странный человек.
С	Откуда?	Родительный	Татьяна пришла с работы.
	С кем? С чем?	Творительный	Я иду в кино с братом. Я люблю чай с лимоном.
Без	Без кого? Без чего?	Родительный	Плохо жить без друзей. Виктор пьёт чай без сахара.
От	Откуда? От кого/чего?	Родительный	Дедушка пришёл от врача. Виктор живёт близко от метро.
К	Куда? К кому?	Дательный	Я иду к театру. Я ездила к брату.
Через	Когда?	Винительный	Через одну неделю мы поедем на море.
После	Когда?	Родительный	После работы мы пойдём в кино.
По	Где?	Дательный	Он ходит по комнате и думает.
Между	Чем? Кем? Где?	Творительный	Сотрудничество между странами. Наш дом находится между аптекой и магазином.
Перед	Чем? Кем? Где?	Творительный	Перед нами открывался прекрасный пейзаж.
Мимо	Чего? Где?	Родительный	Идите мимо магазина.
До	Чего?	Родительный	От Москвы до Петербурга 800 километров. С утра до вечера.
Около	Чего? Кого?	Родительный	Около моего дома есть магазин.
Напротив	Чего? Кого?	Родительный	Мы живём напротив станции метро.
Над	Чем? Кем?	Творительный	Картина висит над диваном.
Под	Куда?	Винительный	Собака идёт под стол.
	Чем? Кем? Где?	Творительный	Собака спит под столом.
Благодаря	Кому? Чему?	Дательный	Благодаря бабушке ребёнок любит читать. Благодаря труду он стал известным учёным.
Несмотря на	Что?	Винительный	Несмотря на плохую погоду, мы гуляем в парке.

Падеж	Предлог	Вопрос	Пример
Родительный	У	У кого ? У чего ? (где ?)	У Татьяны есть брат. Встречаемся у входа в театр.
	Для	Для кого/чего ?	Я купила подарок для сына. Для пиццы нужны помидоры.
	Из	Откуда ?	Виктор приехал из Москвы.
	С	Откуда ?	Иван пришёл домой с работы.
	От	Откуда ? От кого ?	Дедушка пришёл от врача. Ирина получила письмо от сестры.
	Без	Без кого /чего ?	Они пошли в кино без меня. Я люблю чай без сахара.
	После	Когда ?	После ужина я буду читать книгу.
	С ..... до	Когда ?	С утра до вечера мы гуляли в парке.
	Мимо	Мимо чего (как) ?	Идите мимо магазина.
	Около	Где ?	Около нашего дома есть магазин.
	Напротив	Где ?	Банк находится напротив библиотеки.
	Из-за	Кого/чего ? Откуда ?	Из-за плохого бухгалтера, дела в фирме идут плохо. Из-за плохой погоды, мы не поехали на море. Из-за дома вышел человек.
Дательный	К	К кому (куда) ?	Вечером я иду к друзьям на ужин.
	По	Где ?	Мы любим гулять по новым городам.
	Благодаря	Кому/Чему ?	Благодаря бабушке ребёнок хорошо учится. Благодаря таланту он стал прекрасным актёром.
Винительный	В	Куда ? Когда ?	Я иду в магазин. В среду у нас будет собрание.
	На	Куда ?	Утром я еду на работу.
	Через	Когда ?	Через неделю мы поедем в Петербург.
	Под	Куда ?	Собака идёт под стол.
	За	Куда ?	Идите за дом.
	Несмотря на	Что ?	Несмотря на трудную жизнь, он был оптимистом.
Творительный	С	С кем ? С чем ? Как ?	Я люблю встречаться с друзьями. Виктор не любит чай с молоком. Я изучаю русский язык с удовольствием.
	Между	Кем/чем ? Где ?	Между соседями есть полное понимание. Развивается сотрудничество между странами. Между нашим домом и рекой есть лес.
	Под	Где?	Кошка сидит под столом.
	Над	Где?	Люстра висит над столом.
	За	Где? Кем/чем?	За этим домом есть сад. Мать пошла в детский сад за ребенком, потом в магазин за хлебом. Перед нами открываются большие перспективы.
	Перед	Кем/чем? Где?	Аптека находится перед нашим домом.
Предложный	В	Где ? Когда ?	Виктор занимается в библиотеке. Иван родился в октябре.
	На	Где ? Когда ? На чём (как) ?	Дима сейчас на работе. На следующей неделе у него будет отпуск. Он поедет в Испанию на машине.
	О	Ком/чём ?	Я вспоминаю часто о друзьях. Мы разговариваем о фильмах.

Условные обозначения

🔴 Р32 – аудиозапись, номер трека

Сокращения

М.р. – мужской род
Ср.р. – средний род
Ж.р. – женский род
Им.п. – именительный падеж
Род.п. – родительный падеж
Дат.п. – дательный падеж
Вин.п. – винительный падеж
Тв.п. – творительный падеж
П.п. – предложный падеж
Существ. – существительное
Прил. – прилагательное

Использованные материалы и литература

Типовые тесты по русскому языку как иностранному, Санкт-Петербург, «Златоуст», 2002
Пословицы русского народа, Сборник В.Даля, ГИХЛ, Москва, 1957
Брошюра «Эрмитаж», Лениздат 191023, Санкт-Петербург
Статьи из Википедии https://ru.wikipedia.org
Карта России http://webmandry.com
www.calend.ru
www.museum.ru
www.kvn201.com.ua
www.mirfactov.com

Фотоматериалы

Архив Vera Smirnova & Co – EWIS, Vera Smirnova

Vera SMIRNOVA & Co-East-West Information
Services

Russian language classes, translation, interpretation

Cours de langue russe, traduction, interprétariat

Tel.: 32 (0) 2 735 19 44
Tel.mobile: 32 (0) 473 94 01 75
e-mail: info@vs-ewis.com
Web: www.vs-ewis.com

The intensive classes of the Russian language in Brussels - 30 hours takes place every year during the last two weeks of August

Le cours intensif de langue russe à Bruxelles – 30 heures – a lieu chaque année les deux dernières semaines du mois d'août

Russian language learning in Moscow

Les stages de langue russe à Moscou

www.ingramcontent.com/pod-product-compliance
Lightning Source LLC
Chambersburg PA
CBHW041519220426
43667CB00002B/42